生命有大美：人的苦惱，是演化的陷阱

以科學解釋「人們為什麼逃不開因緣生滅」的痛苦

施益民——著

【目錄】

2 從病理學探究痛苦與快樂的原因

3 從物理觀點探究隱藏的真相

4 科學家與僧侶的對話

5 「我」是真實的存在？還是意識的產物？

6 「我」的特殊鏡頭

7 人類的幸福快樂並非演化關心的主題

8 當自我遇上了自然實相

9 理解痛苦本質才能獲得快樂的門票

10

不同的人有不同的解決之道

11

以智慧銳劍斬斷錯誤認知

12 消解煩惱的處方箋

13 處方箋之一：運用因緣法超越生與滅

16 處方箋之四：預防勝於治療

17 結語：生命有大美

附錄 現代精神療癒——從藥物到改變認知的幾種療法

攝影繪畫作品（本書導覽）

推薦序

以病理醫學窮究之道，探求人類萬年痛苦根治之方

闊別數十載的老友，施益民教授，帶著全球卓越病理學的成就，在畢業三十年同學會上分享他在卵巢癌研究上的獨到見解。正當大家讚歎其學術貢獻時，他卻與我聊起寫了一本關於痛苦病理學的書。

「痛苦病理學？沒讀過這樣的醫學書，這可是個大題目啊！」我心中想著。病理學者往往是醫療上最終的宣判者，為病患作出最後的診斷。但是對於生命本質與人生痛苦這類可以進入哲學思辨甚至形而上領域的問題，適合用病理學的方法去尋找最終的根本原因嗎？不久後我收到施教授的電郵書稿，迫不急待閱讀後不禁要說：「真的可以！」

這本書竟然結合了生物醫學、現代物理學、心理行為科學、東西方哲學、以及相當高階的佛學思辨，以審慎客觀的科學態度，對生存中無可迴避的各種痛

苦、錯綜複雜而且百家爭鳴的生命難題，追本溯源抽絲剝繭地建立起獨到的解析架構，嘗試破解人類痛苦的根本原因，並進而尋求超脫之道。施教授透過病理學家的專業眼光，既冷靜又熱情地探索生命本質與存在之美，除了將他多年深思體會的心得無私地與大家分享外，相信更是對眾生的愛。

在這紅塵俗世中，追求健康、財富、名位、美好的伴侶與家眷，乃至自我理想的實現，幾乎是絕大多數人共同的行為模式。但是顯然這樣的成就並不為人們帶來全然的快樂，充其量只能產生短暫的歡愉，亦不能因而免除痛苦。相對的，數千年來有不少離苦得樂的修行者，卻不追求前述的這些目標。人們難免會疑惑這些證悟者果真獲得究竟的快樂嗎？

說實在的，平凡如我者亦只能經由他們的事蹟記載以及個人的修持經驗去揣度如此的境界。但是我們仍願意相信，在痛苦與快樂之間必然還隱藏著不為多數人們所熟知的大秘密。如果這樣的課題也是您所關注的，那這本書將會是您不可或缺的參考資料。

這本書的前半部，跨越古今地將各家各派對生命存在本質的學說理論作精闢的分析歸納。每一段數百字的探討，往往就是某一位大師畢生研究的精華。

最精彩的是，書中的布局超越了時空的藩籬，將許多最新科學研究的成果，尤其是腦神經科學與現代物理學的新發現，與千年前哲學宗教的悟證觀點相互比較論述，不但令人耳目一新，更啟發深思。對於相信科學的現代人，更能對古老的智慧有所領悟。我們可以輕鬆的看過以滿足瀏覽的快感，但也可以駐足停留品味其中奧義，甚至以此為指引再去找到原作成為精讀深思的素材。

書的後半部，則是提出了四個主要處方箋，以現代科學研究及臨床實證為依歸，用具體簡易的方法，直指人心、當下可為；從巧勁入門，化開心中疑惑痛苦，更可作為精進修持的參考指引。所以此書可說相當適合放在案頭，反覆再看，或許每一回都會帶來不同的感受。

此外，這本書還收錄了施教授的數十幅攝影或繪畫作品以及篆刻收藏（請掃描第十二頁目錄 QR code），透露出他對世界獨到的觀察眼光與跳脫框架的藝術才華。藉由圖片文字的相互輝映，共譜成劇力萬鈞動人心弦的樂章。當我看到其中一幅白色布幕後面透出人影的照片時，猛然想到這不就是益民兄二十幾歲與我同為學生時提出過的創作構想嗎？頓然間我領悟到，原來追求生命奧秘的種子早在我們覺察之前已經悄悄萌芽了。

《生命有大美：人的苦惱是演化的陷阱》以極為豐富的廣度與深度，循溯人類數千年智慧長河，由一位極傑出的醫師科學家，透過他對宇宙從巨觀到微觀的探索，對眾多科學與人文的深入研究與思考反芻，不但將生命之美與存在價值娓娓道來，更對人類萬年痛苦作出病理剖析，闡明痛苦的義意與啟發智慧之道，進而在實證醫學的基礎上開立出自在快樂的療癒處方，無論在知性、感性與覺性的範疇，都是不可多得的傑作，值得推薦給熱愛生命的您，一讀再讀。

龍合骨科診所院長
游敬倫

更多資訊在「健康醫師網」
http://www.doctorhealth.tw/

推薦序

超越痛苦，是達到快樂的不二法門

人生，無非生老病死，少有例外。只不過，在數十年歲月中，有人快快樂樂過日子，有人卻痛苦終老，如何遠離痛苦折磨，迎向快樂，恐怕是大多數人心中最大的想望。

施益民教授大作《生命有人美：人的苦惱是演化的陷阱》，無疑為無數有這種想望的人打開一扇窗，透過他洗練的文字及饒富禪意的照片和圖畫（請掃描第十二頁目錄 QR code），闡明痛苦的成因，同時也開出處方箋，協助芸芸眾生離苦得樂，可謂功德一件。

施教授是傑出的醫師科學家，早年也是臺北醫學院（臺北醫學大學前身）醫學系小我幾屆的學弟，留美取得賓夕法尼亞大學博士學位後，轉往約翰霍普金斯大學附設醫院接受臨床及基礎醫學訓練，目前是該校 Richard W. TeLinde 傑出講座教授，同時擔任大學醫院癌症中心婦女腫瘤科主任。儘管臨床、研究、教學等工作相當繁忙，他仍不時浸淫於佛法之中，關注生命的內涵，並從病理學探討導致人類痛苦的機制，立志為深陷苦惱中的人找尋一方出路。

病理學是西方科學，佛學則是起源於印度的東方哲學，兩者可說是風馬牛不相及，難有交集，施教授卻將之巧妙連結，從中找到由痛苦渡化到快樂的橋梁，稱之為「佛法的轉譯醫學」，一點也不為過，而這也正是這本書最令人驚艷的地方。這成就，無非是他長期潛心鑽研佛學的回饋。

現今最老人瑞、維吾爾族的阿麗米罕曾說，長壽的秘訣是快樂，快樂的相對面是痛苦，沒有痛苦的境界，就是快樂的基礎，而超越痛苦則是達到快樂的不二法門，道理雖簡單，做來卻相當困難。施教授歸納出痛苦的來源，分別是過度貪婪、嫉妒、憤怒、不滿、患得患失、對實相的愚癡、對死亡的焦慮、過度重視自我所產生的症候群等，就如同佛教阿含經所言：「我已一切無常故，一切諸行變異法故，說諸受皆苦。」

他同樣從金剛般若波羅蜜經這部佛教重要經典中發現，來自內觀的智慧，可以讓人充分了解痛苦的根源，避免妄心狂奔、情緒脫序，減少負面情緒，進而找到快樂之道。從知識而了解，從了解而生智慧，再身體力行這帖治療心理痛苦的處方箋，怎會不快樂?!

貪欲永盡，瞋恚永盡，愚癡永盡，一切諸煩惱永盡。回首領悟，生命有大美。

臺北醫學大學前校長

閻雲

推薦序

離苦的良藥——利他與慈悲

讀到施益民博士的新書《生命有大美：人的苦惱是演化的陷阱》，全書展開的無垠視窗，從哲學的角度、醫學的知識、佛學的智慧，讓人們從表象的存在世界，開始往內在去探索：我所見，我所感，我所建構的，是否為離生命的實相越來越遠呢？

品嘗這本書，是輕鬆的，因為施博士的文筆行雲流水，如晨間一杯好咖啡，讓人從眼入心，感知到：所謂的生命大美，不是貪著棉花糖的輕巧、甜蜜，而是，我們得從苦難中尋找到快樂的真諦。《金剛經》的甚深微妙內觀智慧提出，一切如夢幻泡影，如露亦如電的心靈高端遠見，是再三提醒人們，色身的聚合是地水火風，世間的萬事如電光石火的，如果執於堅實的自我感，就越不能找到平靜，就不可能與內在源源不絕的快樂相遇。

人人想離苦，而真正的離苦之道是要建立在：利他與慈悲。在利他裡，小我被消解，痛苦內化成力量，如微小的水滴願意流入海洋，它即成為大海的一部份。

樂於見到這本充滿正能量的優質好書，更歡喜為《生命有大美》串起這份善美好緣。

大慧經典學院導師・法林基金會董事

滿濟法師

作者序

現代人精神痛苦的現代解決方法

人生是一場「自我」的大設計，在平凡且不失精采的人生畫布上，點綴著短暫快樂的火花，也充滿各式各樣的痛苦。絕大部分的人都會同意，人的存在目的就是要快樂。現今最老的人瑞，維吾爾人阿麗米罕被訪問時表示，長壽祕訣就是快樂。快樂的相對就是痛苦，沒有痛苦的境界就是快樂的基礎，超越痛苦是達到快樂的最主要的方式。

道理非常簡單，但是要做到消除痛苦，尤其是精神上的，是非——常——困——難——的。痛苦的感受，是人生世間的特性，不管是生理病痛引發或由心理創傷產生，正困擾和考驗著世界上每一個人。如果你認為現在正生活在苦惱中，那你不是孤單的！

雖然我們可以感受到痛苦，但這個經驗也讓我們有機會去了解心理疼痛是如何產生，並超越它，這是何等不可思議！對於痛苦的原因和意義，從人類有歷史以來，就一直被各種宗教、心理行為科學、生物學、社會學以及哲學所共同關注。

這本書的書名源自莊子《知北遊》裡的一句名言：「天地有大美而不言。」就是說我們的世界處處充滿美，但是大自然卻沈默無言，必須要有莊子所說的「道」才能遇見。相同的《生命有大美》（而不語），是說我們生命隱藏著美麗和喜悅，但不為人知，必須擁有「智慧」的心才能了悟。至於「智慧」是什麼？怎樣才能得到「智慧」？這就是本書的主題。

了解痛苦的原因，成就解決之道

這本書分為兩大主題。第一個主題是病理學，第二個是處方箋。醫師要治療一個病人的疾病和疼痛，必須從病理學的角度去分析成因，才有足夠的證據做為治療根據。病理學是醫學和科學的一門分支，使用觀察、實驗與論證的方式去了解致病原因和疾病性質。

現代的病理學著重於分析組織或器官上的病變，對於人類精神上的痛苦還沒有詳細探討。我在這本書的討論內容，就是使用現代科學知識，嘗試歸納出痛苦的可能致病機轉，以提供解決之道。

首先，我們必須區分精神疾病與心理或精神痛苦的不同。精神醫學主要是研究和治療精神疾病，例如：躁鬱症、精神分裂症、妄想症、憂鬱症和焦慮症等。這和一般人所謂精神上的苦悶、痛苦和不滿足感（在此意指巴利語 **Dukkha** 或梵語 **Duhkha** 一詞）有一處極大區別，那就是精神科病人通常會喪失現實感，並伴隨妄想或視覺聽覺幻想等症狀，他們無法正常生活、求學和工作。

這本書所關注的，是心理認知障礙所引起的痛苦和負面情緒。例如：過度的貪婪、嫉妒、怨恨、憤怒、不滿、患得患失、對實相的愚痴、對死亡的焦慮，以及過度重視自我而產生的症候群。這些人或許可以正常生活，也有一些短暫歡愉，但從來無法獲得長遠的心理平靜和真正的快樂。

以現代語言、科學證據，詮釋兩千多年前的智慧

減除心靈上的苦痛，是從有人類以來，處心積慮要解決的重要課題。各種宗教信仰，經由靈性提升、祈禱和願力加持，提供了各種有效的選擇方案。無神論的佛教哲學，也引導我們一條通往快樂（涅槃）之道。

另外，認知行為治療和心理諮詢也對很多現代人有所幫助。正念（靜觀）冥想，也獲得了神經科學和臨床試驗的肯定。不同的個人，採取的方式有所差異。雖然有上述多種能讓個人超越痛苦的方式，無可否認，能過著無憂無慮的生活並不是一般人能輕易做到，但至少可以去學習和嚮往。

我們可以用二分法來了解人類的心靈處境，一是根據證據及科學知識來解釋，較偏向理性，要問的問題是：精神痛苦是如何產生？著重的是 How（如何）。另一種是現在還無從知悉，經驗上較接近宗教、哲學和靈性，要問的問題是：為什麼我們會有精神上的痛苦？著重的是 Why（為什麼）。兩者互補相互輝映，才能彰顯痛苦的本質和意義。

本書的目的是以理性科學論證為基礎，尋找可觀察到的證據，去關心如何減低和消除我們自身精神的痛苦，而不特別做形上學的討論。「為什麼宇宙會有生命存在？」「為什麼有生命就有痛苦？」佛經裡有個類似比喻：「一個人中了毒箭，他是否要先把這支毒箭從身上取出？還是先去問這支箭的來源，製造地點和箭矢毒物的化學物質？」答案我想不用我多說，已經很明顯了。

書中所討論的絕大部分內容，包括致病機轉和可能的超越方法，其實在兩千五百多年前，佛陀已經循循善誘過了。我只是用科學證據，試圖詮釋其中部分的智慧，用現代語言敘說這些真知灼見罷了。一旦有了這種智慧，當你回首自會遇見「生命有大美」。

願陷在痛苦中的你，心無罣礙，皆得自在

「離苦得樂」是世界所有人都嚮往的目標，問題是，眾人對滅除苦的方式一直感到混淆和焦慮，原因是沒有真正了解人類痛苦的病理。不了解其致病機轉，就不可能有處方箋對症下藥，長期緩解心理的痛苦。唯有闡明人類痛苦病理學並親身驗證，了解世間的運作法則和實相，才有可能去除根深柢固的錯誤認知，開啟真正的智慧，並接受浮世千重變，不驚，不怖，不畏，皆得自在。

不同領域的匯集和整合，提供了不同角度和視野來看待同一個問題，成為領域創新的泉源。基於此，這本書就是想嘗試整合連結多重領域，包括生物醫學、物理學、腦神經科學、認知科學、演化生物學、哲學、佛學、一般心理學和臨床心理學，鼓勵讀者如實知苦，清醒地接受人生顛簸路上的困頓，並且引發離苦的意志力，逆境當修行，這是一生中最要珍惜的一堂課！也可以說，洞徹痛苦的成因和病理機轉，是讓我們有更多的理性，面對它，思考它、接受它，擁有更多方法和意志力去克服它。

科學與科技的進步對我們人類的福祉貢獻良多（例如醫藥衛生和生活機能的改善），但是我們也必須知曉，我們精神上的苦楚，並沒有因此得到慰藉和泯除。這也是我們思考「佛法轉譯醫學」的時候，如何將佛陀的核心智慧，以現代語言和使用既有工具，成為治療心靈痛苦的處方箋之一。

「佛學轉譯醫學」是要有系統性地應用在生活中，或在臨床上結合精神醫學、心理諮詢和輔導，來幫助無數心理障礙且想要重建快樂生活的人們。為了更能傳達我的意思，我在書中引用了許多大師名家雋永之言，並希望以此為開端，期待更多專家學者繼續指導和參與。

這不是一本討論宗教的書，也非以純學術的觀點來做全盤討論和辯證。其中有些特殊用語詞句和研究領域無法詳細描述，有些論點也不是每位專家學者或讀者都會完全同意。期待有興趣的朋友更廣泛的參研，繼續關心這些領域的日新月異。希望這本書，至少對自認生活在苦惱中，想尋求「心無罣礙，皆得自在」的讀者，提供了一個開端，也和有緣人，相應、相感、相鼓勵。

最後，由衷感謝那些給我自己內省機會的人們，他們帶來的挑戰與煩惱，顯露的人性與智慧，成為寫這本書的動機、勇氣、和熱情。也非常感謝新自然主義綠光出版社的編輯群，鄺真泉博士以及鄭安淳小姐的專業編輯和校稿協助。

1
爲什麼我們會有精神與心靈等痛苦

伏爾泰曾經說：
我已經活了八十幾年，
但是對生命卻全然無知，
除了知道蒼蠅是生下來
就會被蜘蛛吃掉，還有一件事，
就是人類會被痛苦所吞噬。

1. 人類會有痛苦，是再自然不過的事

痛苦一詞，是那麼親切又難以定義。親切的是，心靈上的痛苦是人類的共同經驗和法則，和我們的存在形影不離。有些人未曾質疑「生命的價值」，是因為他們還不曾遭受到人生災難所帶來的深刻心靈痛苦。我們有時會羨慕周遭的人不像自己時常在生活中掙扎，但那只是因為我們認識他們還不夠深而已。

隔壁獨居的P先生對老化身體引發的病痛和不便，正感到無比憂心；朋友K的妻子被診斷出罹患惡性腦瘤，生活頓時陷入困境；同事W教授因猶豫不決而錯失新工作機會覺得後悔萬分；鄰居S媽媽因為小孩沒有考上心中的名校而悶悶不樂……

這些都是心靈痛苦，我們可能會勸對方：「沒關係，只要快樂就好！」但是想要快樂，就必須先泯滅生理和心靈的痛苦，像是憂心、困境、後悔、抱怨、不滿意等，而這正是從古到今，人類所面臨的最大問題！

從科學的角度分析，老化的過程中，終將會降低生理及心理功能，帶來疾病和心理不適，伴隨先天因為演化過程產生的負面人性，正是造成我們心裡不快樂的

重要因素。因此，人類會有痛苦，原來是再自然不過的事了。

2. 宇宙萬物隨時間增加亂度，人體也不例外

首先從數學機率的觀點來看，身心健康的狀態需要極眾多的生理、物理與化學條件互相配合，問題是：這麼多的條件，很難擔保哪些不會發生異常。

人體是世界上最複雜的機器，大約由三十七兆個細胞所組成。如果把一個人身上所有細胞的DNA伸展串連起來，總長度可以從地球延伸到木星來回十次！機器越複雜，使用次數越多，或是遺傳物質數目龐大，那麼故障的可能性也就越高。既然人是這麼複雜，會產生生理與心理異常就很普遍，因而產生痛苦的機率可以說幾乎是百分之百。

換句話說，機器越老舊（年老時），發生不正常的比例一定比新的機器高。也就是說，「時間不站在我們這一邊。」

從物理學的角度來看，熱力學的第二定律：「亂度的增加，是不可避免且不可

逆的現象。低亂度（高秩序）始終朝著高亂度（低秩序）的方向進行」。這個定律存在所有事物上，包括我們的身體。生物的生存也不能違反熱力學第二定律，所以，秩序（低亂度）不可避免地走向無序（高亂度），直到亂度不能進一步增加為止。

舉例來說，香水噴在房間一個角落，它的香味會慢慢擴散到整個房間，這是因為香水的分子一開始具有低亂度高秩序，這些密度高的分子開始往低密度的空間擴散即增加亂度。另一個例子就是生物一開始可以靠著光合作用和食物產生能量（例如ATP）來維持低亂度狀態，像是形成細胞和器官，但是亂度終究會持續增加，也就是我們身壞命終之時。我們就是生活在這種無情的無常（亂度增長）中。

熱力學第二定律不斷創造新的物理事件，形成各式各樣相續不斷的因緣，推動著生理上的生老病死，物理上的成住壞空，和心理上的生住異滅。

3. 細胞經過無數次分裂、複製，終致無法修復

從生物學的角度來看，遺傳物質DNA包含四種不同鹼基（簡化為不同的符碼ATGC），因不同的序列組合，會構成至少兩萬兩千多個基因。每個細胞約有三十億個鹼基，在體細胞分裂成兩個細胞之前，會很快複製一次，或減數分裂傳給生殖細胞，讓生命得以繁衍。身體細胞以不同速度進行代謝，各種組織的幹細胞經由細胞分裂，負責遞補被損毀的細胞。

這些細胞每次分裂的時候，都會隨機得到至少兩次體細胞DNA鹼基序列突變，同時染色體端粒（Telomere）也會逐步變短。染色體端粒是現任約翰霍普金斯大學醫學院的葛萊德教授（Carol Greider）和她當時研究所指導教授布雷本（Elizabeth Blackburn）共同發現。兩位學者於二〇〇九年也因此獲頒諾貝爾生理醫學獎。

端粒位於每個染色體最終端，它是重複DNA序列和一群蛋白質的複合物，因為構造特殊，DNA在複製的時候，端粒的DNA無法忠實完全複製，所以端粒的長度就隨著細胞分裂的次數越來越縮短。當幹細胞分裂太多次，累積太多突變

在重要基因上，或染色體端粒變太短，幹細胞就會無法再分裂，無法繼續修補磨損的組織，導致自然死亡。例如在毛囊附近，負責製造黑色素的幹細胞死亡，就是中老年白髮的原因。

另外，細胞必須在粒線體行氧化作用產生能量（ATP），來支持細胞分裂和代謝，暫時延緩熱力學第二定律的作用，以保持低亂度高秩序的細胞狀態和個體的存在。但是這個過程除了產生「功」來維持細胞功能外，氧化作用的副產物就是含氧自由基。

自由基會損害周邊的DNA、蛋白質和細胞膜上的脂質。其他的氧化產物也會影響到修補我們DNA蛋白質的功能，降低DNA的修復率。這也是細胞、組織和器官老化的重要病理機制。所以因細胞分裂受精卵能形成為個體，但也因為細胞分裂造成老化死亡。

4. 演化並沒有讓人類不再痛苦

從演化的角度來看，我們現在所處的世界與我們開始要進化成現代人類時的世界有很大差異。在我們兩萬多個基因中，DNA序列或其數目有非常多先天上的小變異，在這些無數的基因小變異中，有些會直接影響基因功能，導致人群中的個別差異。

以演化來說，這是必要的，因為基因的變異性會增加個體特異性（例如皮膚顏色、身高體重、對低氧的耐受度、對瘧疾的抵抗力和生育率等），這些差異能在生活環境改變的時候，讓某些群體的適應性增加，而繼續存活、演化。如果基因沒有變異，只要有一場突如其來的自然災難，例如生態環境劇烈改變或是傳染疾病大流行等，全人類就可能毀滅。

演化帶來個別差異當然是好的，但演化也是要付出代價的：基因的變異會增加某種疾病的風險。

每個人都有不同的先天基因變異，所以分別會容易得到某種疾病，例如癌症、糖尿病、高血壓、高血脂、自體免疫或是精神科疾病。演化也造成以自我為中心的認知和行為，這可概括為「人性」，以及人類獨一無二的智力，同時產生和生存無關的情緒障礙及各種精神上的痛苦。

例如因過度想像還沒發生的事而焦慮，過度渲染罕見的突發事件而恐懼，或是偷偷揣測別人的心意，因而失望或憤怒。這些心理功能正是人類演化過程中產物，因為它們能夠幫助我們祖先適應二十萬年前現代人類出現的世界。也就是說，演化並未造就完美的人種，只不過是選擇了當今的人類，因為我們能適合演化時期的地球環境而已。

我們的遠古先人們曾對著深邃夜空，吟唱對大自然的敬畏。現代的科學家經由科學實驗論證，逐漸解開人類生、老、病、死之謎，還有精神上的苦悶；在科學日新月異的現在，我們是否有史無前例的機會去重新了解這一切，並提出可能的解決之道？

2

從病理學探究痛苦與快樂的原因

痛苦就像快樂一樣，
都是人類生存的一部分，
因此痛苦和快樂是一體的兩面，
是人類生存的意義。

1. 病理診斷凌駕所有臨床診斷

A先生是一位事業有成的企業家。自從某次體檢發現一顆肝臟小腫瘤後，就一直憂心忡忡，他的心情也間接影響到公司員工的士氣。一開始，他的主治醫師也無法斷定是良性還是惡性的腫瘤，直到在醫師和家屬鼓勵下，進行活檢影像穿刺檢查，由病理科醫師進行檢體診斷後，才確診是罕見的良性腫瘤（hamartoma，胚胎異常所產生的不正常組織），無需開刀，只要定期追蹤就好。至此，A先生和家屬也終於鬆了一口氣。

病理學是研究身體組織與器官的致病機轉來分類疾病的醫學。臨床醫師會根據病理醫師的分析報告來治療疾病。

所謂的「活檢」（Biopsy）診斷，就是病理科醫生先用手術方法（包括針刺）擷取身體一小部分的組織，再把採樣的檢體放在顯微鏡下做形態上的診斷或是分子生物上的分析（確認腫瘤為良性或惡性）。所以病理診斷可以說是病人狀況的最終審判，凌駕在所有臨床診斷之上。

2. 以病理學探討心境的悲苦

病理學也是現代醫學進步的主要推手。在過去，醫學界公認消化性潰瘍是由於胃酸分泌過多所造成，而緊張的生活型態以及特定的食物會造成胃酸分泌過多。所以在治療上，會用藥物和改變生活習慣來減低胃酸的濃度，可惜效果都非常有限。為什麼呢？因為上述的學理是根據臨床經驗以及推論而來，並非經由實證。

馬歇爾（Barry Marshall）和他的老師衛倫（Robin Warren）兩位病理學家，在仔細觀察病人的組織檢體後，無意間從病人的十二指腸和胃幽門的活檢組織觀察到桿狀細菌，經過細菌培養研究，甚至拿自己當實驗白老鼠，證明了消化性潰瘍是因為感染幽門桿菌（H. pylori）所造成的發炎現象所引發，只要用抗生素治療，幾乎可改善病人的症狀。這個發現顛覆了以往臨床經驗法則，兩位病理學家也因此獲得二〇〇五年諾貝爾生理醫學獎。

上述例子說明病理的重要性，證明了透過實證而非經驗法則，了解致病機轉後，才能提供正確有效的治療方式。但醫學上的病理學，往往只研究組織器官的病變，並沒有分析人類痛苦的原因。因此，若能以病理學的方式，探討人類心境悲苦的緣由，或許也是一種解決心靈苦楚的必要條件。

兩千五百多年前，悉達多在體驗人生種種，鑄就智慧，成就釋迦牟尼佛時，就曾提到「四聖諦」：苦、集、滅、道。他所說的「集」，就是造成苦的原因，而這相當於病理學所探究的「致病機轉」。換句話說，唯有透過闡釋痛苦的病理學，我們才可能有機會獲得「離苦」的處方箋。

3. 精神苦痛的多樣性

若用病理學「活體組織採樣」的方式來觀察人類的精神痛苦，不難發現其病理特徵非常多樣。這多樣性取決於不同人類種族和遺傳特徵；但也反映在文化、經濟、教育及思想上的差異，就像美國的亞裔和猶太裔家長對於過度關懷子女而產生患得患失的痛苦程度，就比純白人家庭的父母來的高。舉例來說，「虎媽」們通常會讓他們的小孩長大後得到某種專業技能（如醫師或是律師等），而比較不支持和鼓勵孩子發展個人天賦和興趣，也因此導致父母和小孩心靈的不適和失落。

像X女士在美國頂尖醫學院完成雙博士學位（MD/PhD）後，卻不像其他同學去接受完整醫學訓練，而選擇當廚師開餐廳。她的華裔父母得知此事後，傷心不已，但她不為所動，表示自己已經達到父母願望，現在她要開始當自己的主人了！

根據隆納．安德森（**Ronald Anderson**）的心理學研究，將一般型態的痛苦，分為生理上的疼痛，精神上以及社會性的痛苦。但我這裡要討論的人類痛苦，則著重在精神或心理的痛苦，因為這種苦比身體上的疼痛，更刻骨銘心。但我要解釋一下，我並不是說身體的疼痛不重要，單在美國，就有超過兩千五百萬的成年人罹患嚴重的慢性生理疼痛，很多患者要用到鴉片類（Narcotic）的止痛劑來舒緩，這也造成了該類藥物濫用成癮，造成美國健康及社會嚴峻的危機。

值得一提的是，負責處理心靈苦楚，例如被社會遺忘、拒絕或是社交邊緣化的神經迴路和處理身體傷害（骨折、外傷）是相同的。

其實痛苦這個詞句，無論用中文還是英文，都無法精準的描述其本來的意義。也許古印度宗教和佛教裡的 **Dukkha** 更能完整、全面地描述人類心理痛苦光譜。

4. 人生大部分的痛苦，都是自己帶來的

Dukkha 包含三種類型的苦。第一種是「苦苦」（切勿直接做字面上的解釋），是指生理跟精神上的痛苦。也就是佛學所稱的「八苦」，即生、老、病、死、愛別離、怨憎會、求不得、五蘊熾盛苦①。

當我們自己或是深愛的人面臨老病死，或是不能常常和喜歡的人在一起，以及被迫需要和不喜歡的人相處或共事時，都是精神上痛苦的來源。

第二種苦叫做「壞苦」，是因世間萬物沒有恆常和不變的特質而產生的焦慮和不安。最常見的就是我們都希望能青春永駐，擁有海誓山盟的愛情，或是可愛的小朋友不要長大成叛逆的青少年等，但最後卻發現這些都是不可能實現的，因而伴隨著懷念、懊惱和失落。第三種苦叫做「行苦」，起因於認為我和我的所有，包含有形及形上的外在所有事物，是獨立存在、永恆不變、與生俱來的，但發現實際上並非如此，因而產生恐慌和失望。

最常見的痛苦症狀，就是因為認為自己是最重要的，誇張的在乎自身健康和存在而所引發的焦慮。曾有一位年輕小姐因為被新鞋稍微磨破腳皮導致出血，而慌

張的到急診室就診。急診室醫生看了一眼就跟她說，「小姐，還好你立刻來就醫，不然你的傷口早就癒合了！」這就是因為太在乎自己而導致的行苦。

這三種苦的範圍廣泛，襯托人類的痛苦內涵。原始佛教經典《雜阿含經》（佛教的基本經典之一，節錄佛陀在世說法的內容）就清楚說道：「我以一切行無常故，一切諸行變易法故，說諸所有受悉皆是苦。」廣義的痛苦也隱藏對既定事實的焦慮；而這既定事實依據精神醫學大師歐文・亞隆（Irvin Yalom）的說法，也包含一個人必須面對不可避免的死亡、現實生活中的孤獨與苦澀、對生命意義的不確定感以及因自由意志②所產生的責任而引發的心理痛苦，也就是「存在焦慮」。

5. 快樂是過程而非終點

心理學家保羅・埃克曼（Paul Ekman）對印度和藏傳佛教哲學深入研究後，提出東方和西方哲學根本的不同。東方哲學（如佛教思想）強調要認識人類各種正面和負面的情感，將它們當成不可或缺、同時存在的基本要素，痛苦就像快樂一樣，都是人類生存的一部分，因此痛苦和快樂是一體的兩面，是人類生存的意義。而許多現代心理學，也都強調快樂和痛苦是同時存在的，強調快樂只是一個心理狀態，既不是可擁有的實體，自然也無法追求，並依此論點治療抑鬱症和焦慮症患者。

古希臘思想家伊比鳩魯（Epicurus）認為，哲學的目的是幫助人們如何極小化痛苦，極大化快樂，無論是感官上的還是和心靈上的。他強調，要達到快樂寧靜的生活，必須清心自在，沒有生理上的疼痛，還擁有自給自足的生活以及友情。

亞里斯多德則認為，快樂是快感（Hedonia）加上幸福感（Eudaimonia）的綜合體。透過功能性核磁共振分析，我們可以發現快感和幸福感是不同的。快感（例如享受豐盛的晚餐）來臨時，特殊的腦部區域會在不同時間活躍，從出現到消失，通常非常短暫。

相對於生理上的快感，幸福感奠基在別人對自己尊重、關心、支持、陪伴和鼓勵。幸福感比快感的時間更長更深刻，因為幸福感的產生屬於較高層次的認知功能，而非動物的需求本能。

英國牛津大學精神科教授莫頓·克林巴赫（Morten Kringelbach）的研究顯示，雖然快感的確會幫助幸福感，但快樂的人，並非都有很多生活上的快感。也就是說，快樂指數和快感頻率沒有明顯正相關，這是因為幸福感取代了快感當作快樂的本體。

一般來說，幸福感可來自多方面向，而快感的機制是比較固定且可預期，來得快去得也快。一旦人類無法適可而止的追求快感，那麼調控快感的機制就會出現問題，導致不正常的強迫自己去追求快感，甚至導致成癮行為，甚至出現憂鬱傾向。

6. 真正的快樂不是「努力追求」

佛教對快樂的定義已超出世俗③的次元，認為最終的解脫和終極快樂的「涅槃」，是修行者的方向。

《雜阿含經》裡對涅槃的定義非常簡單樸實，那就是「貪欲永盡，瞋恚永盡，愚癡永盡，一切諸煩惱永盡。」簡單來說，就是在涅槃的境界裡，沒有痛苦沒有快樂，也沒有無止盡的悲喜生滅，甚至根本沒有涅槃本身，因為對所有事物都不再執著了。

如果覺得上面的說法太抽象，沒關係！佛法也提供另一種類似但較實際的思維方式來說明快樂的境界。佛教經典強調負面情感來自兩種天真的想法。第一個想法是充滿自我為中心的思想，這種自我的執著，即「我執」。第二個是錯誤的認為我們所感知的世界和自己的想法就是真實的，即「法執」。要對治「我執」，就要「利他」；要對治「法執」就要洞徹「空性」。

什麼是「空性」呢？即明白一切事物並沒有獨存、永恆不變的實體，萬事萬物都是「因緣」所產生的一時現象。能做到「利他」就能具有慈悲心，能達到「空性」就擁有智慧。「慈悲沒有敵人，智慧不起煩惱」，慈悲和智慧，正是大乘佛教的主要的基礎論述，也是得到快樂的不二法門（請參考後面章節）。

舉例來說，有非常多的人在經歷命運乖悖和不幸遭遇後，並不會懷憂喪志，而是樂觀以待。這樣的人便是具有「智慧」，可以洞悉生命真相，穿越生命苦楚。但相反地，有些命運順遂，過著應為舒適無憂的人，卻未必適得其所，反而活在恐懼不安之中，住在自己的心理枷鎖，生命充滿讓人煩心和傷心的事情。這樣的人便是內心充滿妄想、分別、執著。

近代日本思想家和禪學大師鈴木大拙說：「一切問題，無非都是心的問題。」也對應美國詩人詹姆斯．洛爾（James Lowell）之言，「人類大部分的痛苦是根源於人的本性，非於外在因素。」所以我們也應常常問自己，在沮喪和抱怨的時候，我是否忘記自己已經比很多人幸運和幸福多了呢？

7. 生活所需、社會風氣，會讓心靈更受苦

當然，不可否認的是，外在環境對我們的影響也非同小可。工作壓力、家庭環境、人際關係、文化差異，社會公平正義，甚至腸道裡面的細菌種類④，都會影響一個人對痛苦的解讀與忍受度。

例如，西方人一生中經歷憂鬱或焦慮症的可能性，比東方人高出四到十倍。依據美國國家健康總署（NIH）的統計資料，亞裔美國人罹患精神疾病的比例也遠比美國白人低，原因之一可能是東方文化傾向將消極和積極的情緒，都當成是生活的重要元素，而且當前的悲傷並不會阻礙人們追求未來的快樂與幸福。而西方社會認為快樂是生活的必要條件，很多人會把失去快樂當成是一種疾病，而對沒有持續的快樂感到耿耿於懷。

因此，個人的幸福感受除了受基因影響外，也不能排除環境的影響。根據同卵雙胞胎的研究顯示，即使來自相同的遺傳基因，不同生活和工作環境也會間接影響個人認知的行為，造成雙胞胎對生活滿意度的差別。

另外，社會群體的綜合福祉也會影響群體中個人的痛苦和快樂。依據二〇一八年度世界快樂指數報告（分析、統計二〇一五年到二〇一七年間調查結果），全球一百五十六個國家中，最快樂的國家包括北歐各國、瑞士、加拿大、荷蘭、紐西蘭、澳大利亞等（台灣排名第二十六名）。其中，影響快樂指數的因素除了基本國民所得，完善的社會福利與醫療制度，還有一大部分的原因要歸功於人民的慷慨性格、低度的社會腐敗、自由意志的發揮，以及社會的公平正義。相反地，如果大環境無法保障人民基本生活所需，社會風氣及自由法治崩壞，都會直接加重個人的心靈苦楚。

8. 為什麼追求快樂，也會造成痛苦？

因此，若想讓人處於快樂境界，簡單來說，有兩種方法：一是追求快樂，認為快感和幸福感可以經由努力達成的目標。第二種是解除痛苦，因為痛苦的消除是快樂顯現的必要條件。

但我們要明白，快樂是過程，而非終點，因為就算你費盡力氣到達「快樂終點站」，很快就又會覺得不快樂了，因為已經抵達目的地的你，會想要再去追尋更快樂的下一站。甚至有時候追求快樂也會造成痛苦，為什麼？因為有了愉快和不愉快經驗的反差才會襯托出痛苦的情緒。像是曾經坐過經濟艙和商務艙飛機的旅客，就會一直回想到上次坐商務艙的舒適性，所以一直擔心下一次會不會被升等。如果一直都是坐經濟艙的話也就沒有這個問題了。

相對的，解除痛苦，是用科學來理性解釋心理痛苦的病理學，嘗試提出解脫的可能方式，達到免除生活上的恐懼、焦慮、懊惱、憂傷等負面情緒，增進個人福祉，得到長久幸福感和精神上的快樂。

想要用第二種方法得到快樂，那麼就要先區分你的痛苦是短暫的心理不適還是和長期慢性的痛苦。前者可視為我們和外界互動所產生的低度、暫時的「正常」情緒波動，不需太在意，因為它們對於我們的快樂與否，並沒有長遠影響，對我們自我認知、價值觀不會造成結構性的改變。

但後者的痛苦則是長期、根深柢固的負面認知，用佛教術語總稱「無明」⑤，也是上節提到足以摧毀我們的快樂和人生價值感的「我執」和「法執」。因此，想要獲得快樂幸福的先決條件就是泯除「我執」和「法執」所帶來的痛苦。

9. 內心實證，力行實踐，重新建構正向的神經網路

坊間許多勵志書籍、網路文章甚至貼在冰箱上的磁鐵貼上，應該經常會有以下句子，如：「放下的幸福」、「慈悲智慧」、「放空自己」、「享受當下的時光」、「清心自在」等。這些詞語可能對我們當下的負面情緒有所幫助，但我們也必須承認，其所帶來的效果非常短暫，因為這些詞句只停留在我們記憶表層，而非真正深入到我們的思維和潛意識中。

愛因斯坦有句名言：「重要的是，絕對不要停止發問。」追究問題的答案，會讓我們理性地更接近所謂的實相。所以，我們應該去追問這些具啟發性的標語的

背後，例如，人生為何無常？自我執著從何而起？為什麼要活在當下？真的是要放下一切嗎（這樣不會太悲觀吧？）同情心和慈悲心對自己真的有利，還是道德上的勸說？換句話說，我們不要一開始就先相信這些標語所說的，而應該好好分析並了解這些標語背後的科學證據，直到自己能被說服為止。千萬不要人云亦云，在未了解它們的意義前，就全盤接收。

因此，想要讓標語的正向想法真正改變我們的內在，那麼就只有不斷的從學習、練習、體驗和實踐中，強化神經網路，讓這些想法「程式化」⑥。

例如對一般人來說，挫敗逆境會讓我們反射式的產生情緒激盪和心靈痛苦，但是經過新的認知程式處理，我們就能懂得如何了解逆境，並學習分析，再心平氣和的處理，進而對外界風雨無所畏懼，並得到清心自在，這也是佛教修行的基本精神。

換句話說，也就是只有親身經歷，內心實證，力行實踐，才有可能改變慣性思維，再造我們的行為並在日常生活中應用。

本書便是嘗試以這樣的態度，運用知性的角度去幫助感性的體會，以求得深邃的智慧、平靜的心靈，和深沉的喜悅。

① 五蘊是指產生思想，尤其是自我意識的五個步驟，包含色、受、想、行、識。

② 自由意志產生的責任是指一個人可以自由地做出任何決定，無論好壞。雖然大多數人喜歡這種自由，但是這種自由也伴隨著責任，即必須接受個人選擇的後果。如果後果不好，咎由自取，不能把責任歸咎於其他人。

③ 「世俗」隱含約定成俗、習慣、常識範圍、言語的意思。

④ 腸道內菌種和心理健康的關係，可參考二〇一九年一篇發表於 Nature Microbiology 的論文：The neuroactive potential of the human gut microbiota in quality of live and depression）科學家發現在大腸內上千菌種中，有兩種細菌的存在和良好的生活品質有正相關，這兩個菌種在憂鬱症病患腸道中完全消失。這些好的細菌會產生降低焦慮的 GABA 類神經傳導物質。

⑤ 「無明」是説無法認清自然究竟的實相，包括沒有恆常，本來就有，獨立和實有存在的現象和事物，「我執」和「法執」就是「無明」的一部分（本書後面章節會進一步詳述）。

⑥ 「程式化」的意思是，經由神經元之間的重新連結，逐漸在我們大腦和小腦，建構出不同以往的神經網路通道和系統，提供我們內心反應的第一順位（Default）模式。

3

從物理觀點探究隱藏的真相

居禮夫人說：
生命中沒有什麼可以害怕的，
只要我們認真地了解它。
現在正是時候去更了解它，
這樣我們就不會再畏懼。

1. 了解科學實相可以讓人安心

若能瞭解科學法則的運作和世界真正的實相，讓我們可以理性地去解釋生命中經歷的一切，對無常的到來和隨時改變中的世界，也就不再憂慮。但是，一般人往往不願意去了解真理實相，因為它跟我們現實生活或想像中的世界完全不同，是全然陌生的，通常也令人不愉快的。

了解真正的實相，並非人類生存的充分必要條件；但是越了解它，對於自身存在的價值，會有更進一步的認識，能提供一把心靈之鑰給想要打開快樂生活的人們。

史賓諾莎（Benedict de Spinoza）是十七世紀荷蘭的猶太教叛教者，但也被譽為歷史上最偉大的思想家之一。他提出大自然法則的現象總稱為「上帝」，這個上帝不同於一般崇高無上，無所不在，無所不能的上帝。他這種先進的想法，在當時是離經叛道，無法相容於社會和宗教。其後偉大的天文物理學家，如愛因斯坦和史蒂芬．霍金，他們的宇宙人生觀也相當程度地反映出史賓諾莎的觀點。

這兩位物理學大師都認為，物理世界存在著「合法忠實的和諧」（Lawful

Harmony），也就是說，所有宇宙現象，包括我們身處的世界，從星體的運行、重力場對時空的扭曲、基本粒子的相互作用，乃至生物上的表徵，完全依照物理定律運行，而非隨機發生、被創造，或無法解釋的。

簡單來說，宇宙是因為嚴格遵守物理學上的因果定律而存在。至於忠實合諧的物理定律如何產生，已超過科學的範疇而比較接近形而上的哲學，這也就是這兩位物理學家所稱的「上帝」。

對愛因斯坦來說，這個世界最令人費解之處，就在於它是可以為人理解的。尋求真理和知識便是人類最好的屬性之一。科學和自然不是崇拜或敬畏的對象，智者會去尋求理解科學實相，不是像傻瓜一樣，對它目瞪口呆而不去研究和了解。

人類對自然所能採取的唯一適當態度，就是希求通過知識和智慧來了解它。人越是了解自然實相，特別是關於人和實相間的互動，就越不容易在生活上產生極端情緒，也不再焦慮地談論死後會發生的事情。這種智慧就會帶來安心，生命也就沒有什麼可害怕的。那到底什麼是自然實相或史賓諾莎和愛因斯坦的「上帝」呢？在討論它之前，我們先從心的觀點，來解釋我們人類所認知的「真實」。

2. 我們感知的世界只是真實的表層

我們生存的世界，可以看成是一層層的「現實面」所構成，每一個層面都是相對的，由觀察者決定要使用何種角色、立場和知識來看待。

例如現在正在看的這本書，這本書是某個出版商出版的，這本書是屬於我的，這是現實。「書」本身是由很多中文字一頁頁的匯集，真的有這本書的存在。此書也是由樹漿製造再印上油墨字跡而成，這樣的說法當然也是正確。在化學層面，它是由纖維素（$C_6H_{10}O_5$）加上漂白劑（例如雙氧水）所合成，這又是另外一個層面的事實。

如果用粒子物理學去分析，這本書是由無數的基本粒子（原子、質子、中子、夸克等）因緣際會所構成，這些粒子在還沒有這本書前就已存在，分布於不同地方，在短暫聚合成這本書之後也將分開（例如資源回收），再次構成其他的物質現象。也就是說，這本書並非獨立實存、本來就有，更不是永遠不變的。這是最底層，超乎一般人意識所感知的隱藏真實，不具有任何主觀判斷，完全反應科學上的特性。

然而，理解真實的最大障礙不是一無所知，而是對現成知識，感官資料的錯誤解讀和產生的幻覺（此即故意無知，Willful Ignorance，梵文為avidya）。因為我們所熟悉的世界是以自我意識為中心，以自我為本位看待世界，因此這個世界是圍繞著我們轉動的。

這就像哥白尼以前的宇宙觀，認為地球是宇宙的中心一樣虛妄。因為我們所感知的世界，只是表層的現實，而非物理或科學上的絕對真實。因為我們感覺器官所能夠感知的（視覺、聽覺、嗅覺、味覺、觸覺等），不過是感知的本身，而非真實真相。再者，我們大腦利用過去的經驗來幫助理解外部世界，我們的潛意識也無時無刻不在揣測自己行為所造就的結果，也將我們此臆度的結果當成是現實。

例如我們會和朋友推薦這家泡沫紅茶真的很好喝，那可能只是因為有一次在很熱很渴的時候路過這家店，想像紅茶清涼止渴，喝了之後果真如此也驗證自己的想法，因此「這家的紅茶真的很好喝」就成了一個「事實」。事實上如此嗎？那就不見得了。這也就是說每個人認為「真的」的程度和內容是相對而非絕對。

從前有一群人，一出生就在洞穴裡終不見天日，但洞穴外面的陽光，會將洞外的物體（驢車、行人等）的影子投射在洞穴壁上。這些生活在洞穴裡的人以為洞壁上會移動的黑白物影，就是所謂的真實。直到有一天，某個人跑出了洞穴。當他看到洞外綺麗繽紛的景象時，一開始覺得害怕且不可置信，過了很久才明白，原來從小看到的大的黑白物影並非真實，外面的繽紛世界才是真實後，他回到洞穴跟同伴述說，但沒有人願意相信他，甚至認為他瘋了。

這是柏拉圖的寓言故事，清楚說明了我們所感知的世界，是經由我們的感官將資訊傳入人體的中樞神經，由內心所製造，由意識所呈現。我們並非看到事物的本來面目或是本性，我們看到的，只是我們的心所重建自我認為的現實面。

換句話說，我們所謂的現象，僅止於表層認知，侷限於個人模式的定義。許多物理實相我們並不熟悉，但的確存在。二十世紀的兩大科學成就：相對論和量子物理學，延伸至極大和極小的物理世界，揭開了隱藏的物理世界運作之道。這些現代物理學告訴我們另一種前所未有的實相，那就是：我們可認知的所有現象和事物（包括時間本身）沒有「恆常不變」、「本來就有」、「獨立實有」的本質。

3. 萬物不曾真正永恆的存在

世界上沒有一個事物有永恆、獨立、本來就存在的特性。

例如鑽石，世俗經驗認為它不但是實體，而且是永恆的象徵，但仔細分析，會發現鑽石是無數碳粒子的組合，只因為其完美晶體對稱的排列，所以存在的時間比其他物體稍微久一點，但若把鑽石置放在宇宙時間軸裡（約一百三十八億年），鑽石存在的時間還是微不足道。

構成鑽石的碳原子，原本是宇宙大爆炸時產生的微塵，因物理環境的因緣際會在地球上某個時期和地點，結晶成我們所知的鑽石。但是我們必須知道，人類之所以認為鑽石「永恆」，是放在人類的尺度衡量，認定其可以存在非常久的時間。事實上，這些碳原子在熱力學第二定律下，最後也將再次重新組合，成為其他事物。

同樣地，我們的身體，所謂的「我」也是由無數不同的粒子（和它們之間的互相作用）所構成。這些粒子在一個人出生前已存在，死亡後仍會繼續存在。如果用這種狹義的觀點來看，生與死其實都不曾真正發生過。

另外，光合作用產生含有澱粉類的穀物，這些穀物經我們食用代謝後，部分分子變成我們細胞的一部分，有些成為血糖提供細胞使用，再度經由細胞代謝，產生二氧化碳從肺部呼出。我們呼出的二氧化碳又被植物吸收，再經光合作用合成牧草，輾轉成為其他動物體內的一部分。分子如此不停的循環重組，成就各種不同事物。

我們現在吸進的空氣，其中的分子有可能來自某個太平洋小島上的野花，也許是億萬年前已絕種古生物死亡後的分解。我們呼出的空氣，經過無數的因緣輾轉，可能變成帕米爾高原上未來的冰川或以後我們子孫身上的細胞。所以，存在的現象和事物只是各種條件的不同組合，條件一旦被改變，存在的事物就會跟著改變；條件離散，存在的事物也將跟著消滅。

用一個被誇大但比較容易了解的例子來說明，那就是「蝴蝶效應」。

因為一隻蝴蝶搧動翅膀產生的微小氣流，觸發一連串的氣流效應，從近到遠，間接導致另外一個地方出現風暴。每個現象的出現通常是無數「蝴蝶效應」（因和緣）相交於不同的時間和空間點的緣故。它們可以互相加成、協同或抵銷，因此，不論資料多齊全，演算再完美，我們始終無法精準預知未來。所有事物，並非獨立不變或是本來就存在，而是一直依照因緣法，相互作用，排列組合，不斷地生起、蛻變、分解、消失、重新再組合，相續不斷。

4. 所謂的實體也只是一種現象

其次，可感知的「物質」本身並非實有。例如把所謂的實物，分析到粒子的層次後，就會發現我們所感覺到的「實有」，其實只是微小粒子之間相互排斥力所形成的結果。我們都知道，物體是由原子所構成，但是每一個原子（包括原子核和外圍電子雲）絕大比例是一個中空的力場而非實體，因為電子和原子核所占的實際空間幾乎微不足道。因此，堅固的東西大多是空的空間，鑽石也是粒子之間的排斥力所產生，而非實體。

現代的粒子物理學可以證明基本粒子的存在，但沒有辦法證明粒子本來獨存的特性。量子物理學的結論之一是：當具物質屬性的基本粒子（夸克等），被分析到不能再小的時候，粒子的特性會消失，進而呈現「非物質的波動」，且無法確定存在的位置。唯一可以被描述的，只有如奧地利物理學家薛丁格（Erwin Schrödinger）在一九二六年所提出的，機率上的波函數。

構成物體的粒子非實體。例如，所謂的量子糾纏（Quantum Entangle）就是如此。什麼是量子糾纏呢？簡單來說，就是兩個極微小的粒子（像光子），互相作用後再分道揚鑣到宇宙兩個不同地方。即使距離再遙遠，如果改變一個微粒子的存在狀態（例如測量）即會影響另外一個微粒子的狀態。換句話說，它們之間訊息的傳遞速度比光速還快。這個原理，正被積極開發成未來的量子電腦及量子網路。所以說這兩個光子的存在只是一種現象，因為若是獨立的實體，他們就不會被互相影響。

在一九六〇年代，「弦理論」（String Theory）提出最小粒子是由一度空間的弦所構成，由於弦的不同振動，造成不同粒子的物理特性，也就是說，物體本身可能由各種極微小事件（力場）連續和暫時的組合。所謂的「實體」，在不斷的分析後，也可以簡化成一個物理現象的過程，而這些微小現象的存在，當然也依靠其他因素而產生，聚合成可被觀測的實物。

數學及哲學家懷特黑德（Alfred Whitehead）對此做了一個很好的結論，他強調基本事物的存在，其實是壁壘分明的無數「微小片段經驗」（而非實體），在時空當中的排列組合，製造成表面看起來似乎是實體的存在。我們存在的世界所能觀察到的任何物質，都是由連續的事件（Events或Processes）而產生，而不是原來就存在的事物（Things），即使是暫時存在的事物也是因緣所生之法，而不是永遠不變的。既然如此，我們認為擁有的，其實是「無所有」也是「不可得」的！

5. 時間只存在我們的經驗之中

第三種物理上的真實，就是時間本身的虛幻。人類所感知的時間一直是單向運行，過去不能再被回溯，未來也無從預先設計，現在只是過去的不斷延伸。時間，不管你願不願意，只會一直往前走。

近代物理學的實驗結果和理論，則一直挑戰上述根深柢固的時間概念。有一群學者認為，這種對時間的認知可能出於我們人類演化的表相之一，是我們人類大腦對於外在現象的反應和解讀。這個觀點是，時間這個變數在物理定律中不是非存在不可的，並提出很多證據顯示我們對時間的感知很可能是一種幻象，時間只是存在於我們的經驗而已。

義大利理論物理學家卡洛・羅菲利（Carlo Rovelli）在他的一本暢銷書《時間秩序》（The Order of Time）裡提出：這個世界不存在所謂「時間」。

他的理念是，愛因斯坦的狹義和廣義相對論，提供了一種全新的空間和時間觀念及其與物質和能量的積極互動。時間和空間，不像是牛頓物理世界中分開獨立的現象（Space and Time），依照廣義相對論，愛因斯坦巧妙的將時空織成一體（Spacetime）而且受到重力場的影響。例如，時間經過的快慢取決於重力場，以及物體的運動速度和模式。

舉例來說，時間會受到運動狀態及重力場的改變：在人造衛星上（重力較小）的時間會過得比在地面上（重力較大）來得慢。住在樓上的人比在樓下的人的手錶也會慢一點只是差別小到我們無法察覺出來。現在大家手機用的衛星定位系統，就是靠這個時間上的差異來定位。

一個在高速運動的物體上，相對於地面上的觀察者而言，時間走慢了，也就是時間被「鬆弛」了。以接近光速旅行的雙胞胎A，當他花了一個星期高速太空旅行回到地球時，會發現他的雙胞胎B和他比較起來，已經垂垂老矣。

再者，時間的區域性並非同一。在宇宙不同的地方，時間也就不可能一樣。例如，地球上人們感受到的一秒鐘，在黑洞附近則相當於接近永恆。因為這地球上定義的一秒鐘，在極大重力場的影響下幾乎不會前進。當兩個黑洞或是極大星體融合時，會產生愛因斯坦的重力波（Gravitational Wave），其所到達之處，時間進行速度會突然變慢，重力波過後，隨即恢復正常。

因此宇宙間沒有所謂的單一時間或同一時區，不同星系的時間也沒有辦法互相比較。我們時常用不同的電子媒介，直接詢問地球另一端親朋好友現況如何，昨晚的聚會好玩嗎？當夜晚降臨，星光絢爛，我們也許會質問，離地球幾百萬光年的微細發光星球上現在正發生什麼事？這個問題若由人類自我經驗出發看似合理，但從廣義相對論觀點出發，則這個問題不會存在！因為宇宙沒有所謂的「同時性」。我的未來很可能是某人的過去，或是另一個人的現在（因為不同人的位移速度，和重力場強度）。還好我們存在的地球小到這些時間上的區別都可以被忽略掉，世界的運作才不會被干擾。

6. 時間並沒有過去和未來之分

另外一個時間的虛幻特性是，過去跟未來是沒有區別的，也就是說，時間進行沒有所謂的方向性。

美國生物科技專家羅伯特．蘭薩（Robert Lanza）教授的論文解釋說，時間的單一方向感，是直接取決於觀察者（參與實驗直接做觀測的人員）的屬性，而不是本來就存在的，也就是沒有所謂的過去、現在、未來（請參考原著Podolskiy D, Lanza R. On decoherence in quantum gravity, Ann Phys, 528:663, 2016）。

另外，受到愛因斯坦的相對論啟發（空間和時間是一體，是四維結構的一部分），麻省理工學院的布瑞福．斯考（Bradford Skow）教授提出了「塊狀宇宙理論」（Block Universe Theory）。他認為，時間不是我們想像的那種線性（過去——現在——未來），而是所有已經發生的事情以及將要發生的一切，早已都存在宇宙中的某個「角落」。

也就是說，所有事物在時空中都有自己的座標（將時間想像成空間一樣）。就像切一條很長的宇宙麵包，刀子切下去的縱切面，就是我們人類所能感知的「現在」。所謂的過去和未來，也繼續存在這條麵包上，只是我們的刀沒有切到而已。

假設有人能從另一個宇宙來俯視我們的宇宙，就有可能會看到事件分散在宇宙的四面八方。這意味著，一旦事件過去，它們將繼續存在於這個大宇宙的某個地方，而非「不見」了！相同地，未來的現象可能也已存在，只是限於人類（可以說非常原始）的感知和生理功能還無法感受了解而已！這個理論看起來非常不可思議，但是有一句經典名言，「人生劇本早已寫好，只是不能偷看！」①將它富有哲理的詮釋出來。

7. 時間流逝只是意識和外界作用的一個結果

上述這些論點，顛覆了我們對「時間」的看法。為什麼我們感知的時間，跟所謂物理性的時間差異這麼大？其中一個可能的解釋是，人跟外界的互動是非常局部且片面的，這使我們看到一個「低解析度或低畫素」的模糊世界。也就是說，我們所處的環境，尤其是我們所能感知的世界，只是宇宙一個極為渺小的部分，這個唯心所造的微不足道世界，相對於這個巨大宇宙來說，它的亂度是很低的。

因為我們的心選取了非常有限的事物，建構成和我們生存有關的「真實」，而忽略了我們身邊和自己無關的無數事件也正在發生。人的意識會特別選取相對片段的低亂度狀態來認知；處於低亂度狀態，我們的認知才有能力和足夠的時間，去真正了解事件的意義，與之互動，日常生活得以進行。

依照熱力學的第二定律，低亂度一定是往高亂度的方向變化，因此，我們就會感覺到，時間好像是單方向進行（例如茶杯打破了，不能再恢復到原樣）。這個亂度的行進當中，會區別所謂的過去跟未來，也讓我們形成了記憶。

除了客觀的物理性時間外，我們能感覺時間的存在，其實是因為我們的腦部能察覺事物的移動及事件前後順序，由此創造出神經科學上的時間概念。重要的是心態和情緒決定了主觀時間流逝的速度。我們都有同樣的經歷，當注意力集中在有趣或喜歡的事物時，時間過得特別快，在百般無聊之際則變得異常緩慢。還有當我們情緒高漲的時候當時的事件就會像慢動作重播一樣，遠比實際發生的時候來的長好幾倍。

換句話說，時間並不是絕對存在，時間流逝是我們的意識和外界作用的一個結果。如果時間這種東西有可能並非完全真實，而是我們腦部的一種對外界解構方式和特殊經驗，那麼世界上我們所感知的「真實」還剩下多少呢？

8. 物理實相就是究竟實相？

也許有人會質疑，這些物理實相真的就是最終的究竟實相嗎？其實很多偉大的物理學家，例如愛因斯坦、普朗克（Planck）、馬赫（Mach）都曾經質疑過這個問題。因為所有物理現象，都是由觀察者所提出，他們都是有生命現象和意識的「有情」人類，而非大自然本身。

馬赫說：「我們只知道一個直接解釋科學事實的來源——就是我們的感官。」是因為人，把這些本來沒有意義，沒有對錯的訊息（實驗數據，觀測結果），經過心智的運作，逐漸構建成我們所知的知識和學說，例如基本粒子、作用力、時間空間、本我、和外在事物，甚至心態等等。另外，在量子世界裡具備許多可能性，不再像傳統觀念裡的二分法（有和無）或是電腦運算拘泥於〇和一，一切現象和結果唯有在觀測者（我們）測量時才可以得知。

很多哲學家和科學家也質疑所謂的（科學上的）真實是否絕對存在。尼采曾說：「世界上沒有所謂的真實，只有自我的解讀。」量子力學大師海森堡（Werner Heisenberg）也曾說過：「我們必須記住，我們觀察到的不是自然本身，而是自然暴露於我們的質疑以及研究的方法。」最容易理解的例子就是，光有波動和粒子的雙重物理特性且同時存在。如果我們用專門偵測粒子的儀器系統去測量光，就會發現，光只有粒子的特性，反之亦然。換句話說，光的本質可以是多重的，既相容又同時存在。若非如此，我們就看不到絢麗的彩虹（光的波動性），也沒有太陽能光電板（粒子物性）提供能源。

霍金和雷納・曼羅迪諾（Leonard Mlodinow）在二〇一〇年合著《大設計》（The Grand Design）中提出：「依據模型產生的真實」（Model-dependent Realism）這概念認為，可能沒有所謂最終的「真實」，各種理論的「真實」只是在於使用特定的物理學和數學模式來描述外在現象。

所以，即使在物理與數學之下所得到的，也是相對而非絕對的真實。不同的模型很可能可以同時存在，同時定義同一件事物，只要採取科學模式來合理描述指定的現象，這些模型都同樣有效。就像是在圓形魚缸裡的金魚，所用的模式就是玻璃的曲面，以光學折射的簡單數學模式，就可以充分描寫魚所看到的人類世界，因此金魚所看到的變形人類就是真實（但是魚要先學會數學才行）。

現在的科學結論是將可感知和測量的物質作為科學上唯一的真實，獨立存在我們之外，我們的感覺只是描述這種真實的工具。但我們只是步入一個陷阱，即是將物理學的現象，來取代我們對世界和宇宙的親身體驗。至於相對論中的時空或是量子力學中的基本微粒子，是否獨立於觀察者而存在，或者是在人觀察時才產生的現實，已觸及科學和哲學相會的底蘊；若非是人（觀察者），如何知道它們的具體存在。也就是說，這些偉大的科學家們最後還是把所謂真實，回歸於人身上。

①出自蘇貞昌先生的名言。

4

科學家與僧侶的對話

所謂的好壞、對錯、美醜、
上下、生滅、來去等，
若用因緣關係來看待，都是平等，
因為這些都是「人造」的概念，
這些描述和意義都是相對的，
本質上並不存在。

1. 科學和佛學採用的方法不同

馬修．李卡德（Mathieu Ricard）是尼泊爾加德滿都的僧侶，在他還沒有出家前，是法國分子生物學博士。

他的父親是法國享有盛名的哲學家，母親是一位藝術家。李卡德在法國巴斯德研究院的教授、也是諾貝爾獎得主賈克伯（Francois Jacob）的指導下，完成分子生物學博士學位。畢業之後，獨自前往喜馬拉雅山麓學習藏佛佛教。他的父親，師長和朋友剛開始都對他毅然決然放棄前程似錦的生物醫學研究生涯感到不可思議！

由於他的深厚的科學基礎，讓他對於佛學和生物醫學之間聯繫產生非常大的興趣，並且與他的哲學家父親，以及其他科學家持續討論、辯論和對話，這成為一座橋梁，使他成為融會科學、哲學和佛學研究集大成的僧侶學者。他在各式情緒幸福感的量表測試中，都達到滿級分。

他和哲學家父親還有天文物理學家之間的雋永對話，最重要的結論之一，就是科學和佛學都在探討終究實相，只不過採用的方法和最終目的有所不同。

科學採取的是假設、方法論、實驗和證據；好的學說就是能準確預測結果和現象。「科學的目的」正如量子力學大師波耳（Niels Bohr）所說，「是在增加人類經驗的寬度和深度，並嘗試在自然中找到秩序。」科學告訴我們，在物質世界中能發生的和不能發生的，取決於物理定律。

例如一般人的身高為什麼總是在一百五十到兩百公分之間，而不是三百或四百公分以上？這是因為只要長和直徑等比放大加一倍，骨頭橫切面所要支撐的力量即為二倍。演化的結果，脊椎骨和下肢長骨在自然情況下是不可能承受二倍於正常的重量，也就是說這種巨人是不可能發生，因為不符合物理定律。

然而佛學重視的則是探索吾心和體驗自身，探討實證的內容包括「無常」、「無我」、「緣起性空」的智慧。在靈性世界中能發生的和不能發生的，取決於心識的作用。科學和佛學都是在揭開自我虛幻世界下的深淵。科學解釋現象，提供純理性空間；佛學探討苦的來源，除了理性認知外，更有感性的體悟，將之實踐於日常生活中，由此得到靜寂清澄和深沉喜悅。

獨立於科學和佛學之外的宗教，雖然目的不是解釋自然，但提供強大有效的情緒控管機制和心靈療癒的功能，其重點就是靈性的展現和生活上的實踐。

2. 現代科學印證佛法的核心理念

相較於科學，佛教哲學對於闡釋痛苦的病理學尤其重視，幾乎成為小乘佛教主要的理念。

叔本華認為他的哲學跟佛學有很多相似處，尤其是探討世界本質和人類痛苦的病理學；愛因斯坦也認為，沒有其他宗教更甚於佛教，能夠回答現代科學的需求，也就是如何統一科學和靈性。佛教對人類心理痛苦病理學的探討，成為接下來要關心的主題。

佛教的中心論點，不可思議地跟很多近代科學觀點符合。例如事物現象的產生是依靠各種不同的因素（因和緣）的排列組合，所以它們是互相依賴而產生，世界上也沒有一個獨立、不變、本來就有的物體和事件，也對時間的存在性產生質疑。

另外，科學上的「多層次的真實面」，與佛法認為有世俗（Conventional）真實和勝義（Ultimate）真實「兩種真實」也互相吻合，說明了所謂的「真實」，其實取決於我們所持的態度。以上這些論點與大乘佛教裡所描述的世界和「空性」互相輝映，也對佛法提供相當程度科學上的支持。

3. 人類的存在來自宇宙眾多不可思議的因緣

佛學所謂的「空」，來自佛教最基本的思想：「緣起法」（或「因緣法」）。緣起法的「緣」意謂因果條件（Causally Conditioned），「緣」的相對字是「因」，「因」就是還沒有經過緣的之前狀態。有因加上緣的催化才能產生果。不同的因和相同的緣，產生的果會不一樣；相同的因和不同的緣，所產生的果也不一樣。

這就像生物化學裡面的酵素作用，因就是基質（Substrate），緣是酵素（Enzyme），果就是化學反應之後的產物（Product）。特定生物性功能的呈現，就是依據這些無數酵素反應的綜合產生結果。

例如我們身體的組成，是由無數的因（基本生化物質像是氨基酸、核糖核酸、脂質、水分）和緣（各種不同的酵素）的催化，成為各式各樣的生化複合體（不同的蛋白質、DNA 遺傳物質、脂肪），這些果（複合體）又會變成下一個因果關係的因，在其他緣的作用下合成細胞結構的一部分，構成不同的組織和器官。

地球上人類的存在絕對是百千萬劫難遭遇的一個偶然。這是因為我們存在這個宇宙所遵從的物理定律中充滿不可思議完美的參數（「緣」），產生我們現在所處的宇宙和地球，也成就了生命。

如果這些眾多的物理法則數值稍微改變，我們就不復存在。英國哲學家兼意識研究專家，菲力普・葛菲（Philip Goff）舉例說，強核力是一種將原子核中的元素結合在一起的作用力。它的值為〇・〇〇七，但是如果該值為〇・〇〇六或更低，宇宙將只有充滿氫氣，因為更重的原子核無法形成。如果它是〇・〇〇八或更高，氫會融合成更重的元素。在任何一種情況下，任何一種化學反應在物理上都是不可能的，當然生命也不覆存在。

另外一個例子就是如果重力只是稍微強一點，那麼恆星就會由較少量的物質構成，因此會更小，燃燒的更快。這樣的太陽將持續大約一萬年而非現在的一百億年，地球因此就沒有足夠的時間來進行複雜生化反應和合成生物體。相反，如果重力只是略微變弱，恆星就會變得更冷，因此不會爆炸成超新星，來製造出構成生命成分的許多元素物質。

同樣重要的是地球和太陽之間完美的距離（約一億五千萬公里）以及近似圓形的繞行軌道，讓太陽傳遞不多也不少的適度能量到地球，賜給地球上包括人類的所有生命。若任何一個因或緣的小改變，例如太陽的質量，太陽和地球間的間距或是軌道的細微變化，會造成地球過熱或過冷，完全不適合任何生命存在。

也就是說，人類的存在（果）是完全依靠這些眾多完美的因和緣所造成。然而，這些因緣條件是會改變的。正值中年的太陽不斷消耗它的氫氣（核融合變成氦氣），預計大約五十億年之後，會進入紅巨星階段，隨著其重力場改變，影響地球運行軌道，地球即會燒成焦土。

也許可能不用等那麼久，一個突如其來的小行星撞地球（無法預測的新因緣），就能即刻毀滅地球上所有物種。

4. 我們的自性消失在因緣流轉中

龍樹菩薩是奠定整個大乘佛法思想最重要的學者。他在其非常著名的《中論》說：「未曾有一法，不從因緣生，是故一切法，無不是空者。」就是說一切事物、甚至自己本身（即所謂的「法」），都是由眾多的因、無數的緣而形成。

若是依「緣起」而產生的，就註定是非獨立存在，互相依存且隨時會改變。因和緣無時無刻在改變當中，所以我們所覺知的現象和物質的本身，是沒有自我的本性（亦即「自性」）。

因緣法的另一特點是打破界線的概念，也就是說因緣定律下，世間事物都是平等。世間萬物是因緣所造，既無絕對的存在，也隨時可以改變，因此也就沒有那些由語言名相所帶來的思維界線：如所謂的好壞、對錯、美醜、上下、生滅、來去等概念，若用因緣關係來看待，都是平等，因為這些都是「人造」的概念，這些描述和意義都是相對的，本質上並不存在。可惜大部分的人都認定這些名相符號真實存在，而對它們有所執著。

5. 因緣法和佛法裡面的空性

因緣法造成另外一個獨特的現象就是佛法裡面所常說的「空」，也就是所謂的「緣起性空」。「空」這個字，因為語言文字的限制和陷阱，常被誤以為是一無所有而消極，其實是意味充滿各種可能性且積極的。就是因為有因緣法所產生的空性，一切現象才能生成和存在。龍樹菩薩說：「以有空義故，一切法得成。」

不然的話，所有事物現象都是獨立和不變，因緣只有聚合沒有離散，基本粒子只永遠合成一件物體，不再分離和循環利用，那就沒有造成新的事物的可能。所以因緣法就是「空」的根本，也成就了萬事萬物。

但是對人的心態來說，因緣法不可避免地會造成無常的感覺。這是因為世界上所有事物、包括我本身不斷在改變，而這和人類內心期盼的恆常和不變有所衝突，因而帶來不斷的挫折和無止境的憂慮，這就是「心靈痛苦」的病理機轉。在佛教經典清楚指出：「我以一切行無常故，一切諸行變異故，說諸所有受悉皆是苦。」

那我們應該如何和無常共處呢？

印順導師在《中觀今論》用現代語言來解釋龍樹菩薩的《中論》，書中說道：「要從生滅相續的無常事相中，了悟常相的空寂，從因緣和合的無我相中，了悟我性的空寂」。

換言之，我們必須從世事無常、生生滅滅中，了悟永恆是虛妄、不可能的；世間一切也是因為有前因後果而暫時存在，沒有所謂的本來就有，獨立且實際存在的人、事、物。這種「中觀」的智慧完全符合科學實證，時常觀照此種智慧也可以減輕無常所引發的焦慮和不安。

6. 用科學理解人類世界多層的「真實面」

現代科學和心理學都認為，人存在的世界是由多層「真實面」所構成，這和佛教思想提出任何一個事物都擁有兩種本質是類似的。

這兩種本質中的第一種是「世俗真實」（conventional reality），存在於表面層次；另一種是「勝義真實」（ultimate reality），是經過深度分析的層次。

「世俗真實」被認是暫時的，是世間的，是一般的常識，是以未經分析的態度來看待事物，因此所看到的是燦爛、輝煌、絢麗、醜陋、不幸、傷痛等的表面層次。

「勝義真實」則是究竟的真實，是超越世間的，是絕對的，是獨立於主觀情緒外和符合科學實證的。這裡必須說的是，世俗上和真理上的層面只是詮釋的技巧、觀點、切入角度不同以解釋同一件事情，並非我們真的存在兩種完全不同的世界裡面。

7. 科學實相和佛法智慧

對於佛教徒而言，痛苦的根源來自我們所認知的現實與真正實相之間的衝突。那麼，若要擺脫痛苦，就必須認真理解實相，摒棄立足於自身的所有觀點，這也是小乘佛教修行者得解脫、斷輪迴的充分必要條件。

上述的認知就是佛教所強調的「智慧」。如果沒有智慧，會以為所知所見就是全世界，有了智慧，就有了高度和新視野，能看到另一層面的實相。總而言之，以科學定義的實相和人所感知的現實世界，是很不一樣的。科學上的真實和自我感覺的現實有所區別。

一般來說，由我們感官所認識的現實世界，僅存在於科學的一小部分，是局限於十七世紀的牛頓力學原理。雖然相對論和量子物理學讓我們對於所謂的真實有了另一個新層次的認知，但是這個物理上的真實法則，卻不是我們感官和心智能力所熟悉的。

8. 了解隱藏的「勝義真實」

此外，我們對於非物理世界的真實、甚至我是什麼，也感到非常陌生。對於物理實相和佛法來說，這些只是我們內心製作出的錯覺，而這裡的問題就是：「我」到底是誰？我的內心到底是何物？

如果將自己所擁有的現實感一層一層地剝開，從有「我」成分的表層，到最後剩下不為人熟知，完全沒有主觀的成分的隱藏（無我）真實，這個過程可以說是智慧的開啟。

雖然了解隱藏的實相，會剝奪我們無時無刻珍惜自我所產生的世界，但能了悟這點，也就能成為從心靈痛苦中找回快樂的一個契機。

5

「我」是真實存在？還是意識產物？

用科學的角度來看，
「人」是一個過程而非實物，
因為若是實物，則不會改變，
但每一個人，每一分、每一秒，
不管身體或心靈都隨時在改變之中。

1. 真的找不到我自己

什麼是我？其實「我」這個字有多重意義，包含了生物上的我、遺傳學上的我、社會上的我、語言學上的我、法律上的我、還有宗教靈性上的我。在不同情況下所建構的我，會隨時轉換角色。人們在不同的場合不同的人際關係，使用不同意義的「我」，「我」這個字，可以說是世上最常使用的詞彙。

想想看：「我」是指我的身體嗎？還是我的心？是我的想法？或是我的「靈魂」？又或者是上述各種我的的綜合體呢？當然，我們也可以用科學來分析，我其實是基本粒子和粒子間互相作用力的合成體，可是沒有人會這樣做自我介紹吧？

人體絕大部分的細胞，從出生嬰兒時期到現在完全不一樣，原來的細胞會不斷的被新的細胞取代，例如腸的表皮細胞約七十二小時就會被新的細胞置換，絕大部分子宮內膜細胞也約每個月就會重新換一次。

如果未來科技可以做頭腦移植，原來的頭腦放在新的身體上，這是過去的我、現在的我還是未來的我呢？雖然身分證上的名字和號碼都一樣，但是過去、現在、未來的「我」在不同的時間軸上，到底算不算是同一個人呢？

2. 我其實只是一個「過程」

從物質的觀點來看，「我」只是這個外表可被認知的形體，不斷在時間軸上存在著。

從生物學的觀點來看，「我」是一個生物體，由三十七兆個細胞組織而成，每個細胞都是物質加上訊息系統（包括具有生物功能資料的儲存、加密、解碼和傳遞）所構成①。過期的細胞組織一直會被新的所取代，直到個體老化，細胞組織不再新生為止。

但認知上的我，則有各種想法、觀念、信仰以及人生價值，且在不同的人生階段，都會不斷調整或重新設定。換句話說，用科學的角度來看，「人」是一個過程而非實物，因為若是實物，則不會改變，但每一個人、每一分、每一秒，不管身體或心靈都隨時在改變之中。

3. 網路世代下的「我」

可惜的是，我們的語言通常無法精準傳達此一事實，而一再使用「我」——這個世界上最常見的字，來維持並強化了「自我不變」的幻覺。

科技運用加速發展下，特別是在資訊網路、大數據、人工智慧及自動化的廣泛應用，「我」正在被重新定義。正如社會學大師齊格蒙．包曼（**Zygmunt Bauman**）所提出的「液態化的現代社會」，這不像固態的農業社會，資訊化雖讓人與人之間的溝通變得便利（液態非固態），卻也造成了聯繫取代關係，短暫取代長久，功利主義取向取代信賴與承諾，現世利益取代承傳，人與人之間的關係變得動態、微弱、短暫。

因此，「我」也變成片段的簡訊和語音，甚至隱藏起身分，用匿名的方式在社交媒體上與其他匿名者互動。「我」在數位化的液態社會中更顯得孤獨，液態化的人際關係誇大了存在焦慮，降低心靈緩衝機制，以致於人們對心理所產生的痛苦也更加敏感。所以我們如何自處呢？

4. 從「認識吾心」再出發

伊斯蘭Sunni派的著名哲學家奧高薩里（al-Ghazali）提出了「認識吾心」（Knowing Heart）的概念，他認為沒有任何人，比你更接近你自己。如果連自己都弄不清楚的話，如何去知道別人和外在世界？

和許多宗教和科學論點一樣，他認為每個人都是由外在的身體，和內在的精神靈性所組成。也許有人會說，我當然知道我自己，但是自己知道的，只是外在具有物理或生物特徵的我。對於內在的我，我們很難一窺究竟，僅能膚淺的認識，知道飢餓的時候要去找食物，憤怒的時候會爭吵，傷心的時候會流淚，這些本能的行為罷了！

我是什麼呢？從何處來何處去？我在世界的角色是什麼呢？為什麼我們會存

在或被創造？我要往哪裡尋求快樂的生活呢？想要得到這些問題的答案，就要探索和認識（Knowing）我們的內心（Heart）。

為此，他的結論是：「我們的存在，就完全依靠我們內心功能的投射，至於其他種種事物，只是內心的僕人罷了！」換句話說，個人認同、記憶、人格特質以及在社會家庭中的角色，皆存於內心之中。奧高薩里的這個觀點和佛教的思想非常接近，所以這裡要討論的「我」，就是指會造成人類痛苦的我，也就是精神、內心的我。我就先以神經科學來解釋我們的意識和思考。

5. 人腦是世界上最複雜的機器

醫學之父希波克拉底認為，人體的腦其實是靈魂暫時的寄託和表徵。兩千四百年後，神經科學家相信，每一個人身上都擁有一件世界上最複雜的機器——人腦，由約八百六十億個神經元、膠質細胞以及其他無數附屬的細胞和間質所構成。

當神經元細胞膜表面的離子電位差到達某個閥值，就會開啟「動作電位」，並很快地將訊息（動作電位的有或無）傳遞給遠端的神經元軸突，或經由突觸釋放出神經傳導物質，再作用到鄰近神經元表面的接受體，製造出另一波的動作電位，傳給下一個神經元。

此種電生理訊號即是神經元之間互相聯繫訊息的機制。我們人腦大約有一百兆以上的神經突觸，這些迴路之間的動態重組形成網路「連結體」（Connectomics），很可能就是我們所有認知功能的來源。

進一步地說，人類的思考可能是因為腦部將無數的單一神經元，整合成不同的神經元組和連結體，來從事極為複雜的認知功能。我們大腦從記憶區讀取相關記憶，從感覺器官（眼、耳、鼻、舌、皮膚）輸入外界傳來的資料，再加以整合處理，讓我們分辨事物以及對它們所引發的感覺，進而產生情緒、認知和意識，也透過語言文字將腦內的認知具體化，進行溝通，並產生動機和計畫。腦部神經元之間的訊息傳遞和產生意識思考需要可觀的能源，一個成人腦部的用電量大約相當於一個二十瓦特的電燈泡，從胎兒開始到死亡為止一直亮著。

6. 人腦的功能也是會被改變的

既然人類大腦被視為一個非常複雜的化學反應和電力系統的密閉陣列，那麼，要如何從物理化學的機制製造成複雜繽紛的心理世界，是科學上的一大謎題。但是，我們可以先得到一個重點，這些神經網路和連結體多是動態的，有可能隨時改變，可以經由學習，例如樂器、舞蹈、正念內觀等，來重新配置和做出有益改變。

另一方面，大腦器質性病變和老化的過程，則會繼續減少神經元數目和神經元間的互動及突觸連結，因此造成認知功能下降、輕度認知障礙（Mild Cognitive Impairment，MCI），甚至失智。

如上所說，我們所認識的世界，甚至意識，都只是神經元細胞形成的複雜神經網路，依照特定認知模式所建立而成。從以上觀點來看，我們就要忍不住地問：「所謂真正的我，和我所認知的世界，是真實的嗎？」

7.「我」只是一個虛擬概念

有了簡單的科學概念之後，再回過頭來看「我」為何物？我的心又是如何運作？神經科學研究和佛教哲學觀點都認為，我們的潛意識不斷攫取相續不斷的心念，來建構自我存在的感覺。如果此連續的心識暫時消失，例如深度睡眠或是全身麻醉，「我」的知覺就會暫時消失，等到醒來之後，「我」的心識才能再串連起來，因此在這段期間，「我」是暫時不在的。

這也代表說，「我」是由眾多感覺片段拼出來的，是觀念上的虛構。我們所認識的「我」，只是一個虛擬概念。但人們卻以世俗的觀點來看待「我」，不但認為我是確確實實存在，而且世界以我為中心。由此，眾生各有其憧憬、顛倒、夢想、與掙扎。

「我」非真實存在的想法，從早期人類文明到近代，始終都被經常提及。十八世紀蘇格蘭歷史學家和哲學家大衛．休謨（David Hume）認為，我們的存在感也只是一連串的感覺；現今神經科學和實驗心理學家對自我存在的觀點，也和其類似。這也是佛教基本教義之一的「無我觀」，只不過前者是科學實證，而佛教則強調對心的觀察和自身體驗。

8. 我們的情緒和思想從何處產生？

如果我們可以進行科幻式的想法實驗（Thought Experiment），也就是透過改造過的葉克膜體外循環，把人腦移到體外培養，這時人腦會切斷原本和外部連接的神經管道。

如果再把腦中的短暫或是長期記憶消除，所謂「心」的機器還是可以運作，但是因為沒有任何資料輸入（包括感官和記憶傳來的訊息）可以讀取、處理、認知和思考，這個空轉的心也就不會有所謂的快樂和痛苦以及各種各樣的情緒。

人的感受、認知、思想和情緒，必須依靠感覺器官資料的傳入和心的作用而產生。雖然我們很難控制外界訊息的傳入，但是我們的心，卻可以在潛意識的層面，選擇不同的模式來處理和解讀這些資訊。這也就是說，想要克服或超越負面情緒和心靈痛苦，我們必須徹底改造我們的心態，尤其潛意識。

9. 潛意識讓現實變得合理化

我們平日是依靠意識和潛意識這兩種平行的方式來思考和執行各種行動，也可以說，意識和潛意識構成所謂心的概念。

大腦九五%的思考活動由潛意識來執行。意識就像是電腦的記憶體（Random Access Memory，RAM），如果完全要由RAM來處理所有的資訊，電腦很容易就會當機，而且需要花費很大的能量。一般而言，意識主管計劃、意志、重要思考、短暫記憶、判斷還有做決定等，潛意識的功能則相當廣泛，從控制呼吸到訊息的處理，習慣養成，身體的自動功能，想像，情緒、人格、信仰和價值認知，主見，還有長遠的記憶力。

潛意識則負責將有限的資料，自動建築成一套看起來「真實」又符合我們需求的認知，成就了自我存在，不斷影響並支持意識的運作，讓現實變得合理。否則太多互相抵觸的思緒同一時間浮上意識層面，我們就無法正常運作。所以意識和潛意識相輔相成，一起控制並調節我們的身體和心理功能，幫助我們能以最佳的適應方案來面對自然環境變遷。

其實這是一個很好的設計，例如，我們一邊開車一邊聽音樂，就是潛意識和意識的合作，開車用的是潛意識的功能，而意識被用來聚焦在其他事情上面，像是聽音樂，或想著等等要去哪裡吃晚餐。

雖然，潛意識是我們生存的重要關鍵，但是潛意識的積極活動，也會造成非理性的認知和沒有必要的負面情緒。這是因為潛意識是物競天擇的產物，其終極目的是保護身體和心理上的自我，並不會關心你的心情快不快樂（詳述於下節）。

10. 心是一部專門預測未來的機器

此外，我們的心還有一項很特殊的功能，就是無時無刻預測未來。心也可以說是專門預測未來的機器。我們無時無刻，不論各行各業，使用先前的經驗、記憶和得來的知識，來模擬不同的未來情境，搜索各式各樣的可能計畫，以及如何執行以便影響未來的結果。

好比氣象學家預測天氣概況；經濟學家預測通貨膨脹和失業率；出版商預測讀

者群和銷售量；流行病學專家預測今年流感的分布和嚴重度；臨床醫師預測病人的預後；父母預測小孩的在學成績。許多神經科學家和心理學家都同意：我們的感知、行動和學習，目的其實是在不斷制定新的計畫或更新以前的期望。也就是說，我們的心是生活在未來式。

很有趣的是，在腦部結構中，負責過去記憶和未來計畫的區域是同一塊。

11. 人的意識決定現象存在的根本

以上的這些分析，讓我們不難發現人的意識決定現象存在的根本。基本上，此種「心為法本」的論點跟古老的佛學思想「虛妄唯識系」（此即唯識學，主張內心是實有，而外界的一切是虛妄不實）、伊斯蘭教 Sunni 教派、西方唯心主義和中國的「心學」有類似之處。

例如《大乘入楞伽經》言：「所見唯自心，外境不可得。」陸九淵首開「心學」，認為「宇宙便是吾心，吾心即是宇宙」，王陽明的「心外無理，心外無事，心外無物」，認為世界只是我們的感覺產物，物質存在以意識為基礎，我們的意識決定外在現象的顯現。

古希臘哲學家愛比克泰德（Epictetus）說：「影響我們的，是我們對事件的觀點，非事件本身。」這些論點都承認心對事物的主觀而非純粹客觀的認知，只是強調的觀念稍微不一樣。

12. 唯識主張的極至：生物中心主義

製造自我意識是人類腦部認知的基本功能，在物種進化上，其主要功能就是確保自身存在和安全。羅伯特．蘭薩教授提出的「生物中心主義」（Biocentrism），便是把自我意識的思想發揮到極致。

他綜合近代科學的發現，強調人類的意識主宰一切事物存在的本質，認為不僅是我們心，所有外在世界的運作也都取決於我們意識的作用，也就是自我意識創造了外在大宇宙的概念（這也就是佛學中提到的的「一切法」）。我們的心，製造出所能感知的世界也創造時間觀念。我們當下的意識狀態、自我認同、自尊心、和生活環境的舒適與否，都出自於它。

蘭薩認為，在人類意識作用之前，物質或現象其實是處於不確定的機率狀態（類似量子物理中基本粒子的特性）。若沒人看見一棵樹在茂密的森林中倒下，那真的有一顆樹倒下嗎？也就是說樹有沒有倒下，取決於你或其他觀察者是否看到這個現象，若沒有看到的話，這顆樹倒下並不是一個絕對的事實。

他的學說更將「心為法本」的論點推向極致，也就是我們的意識不但決定外在現象的呈現，也創造世界萬象。

到底是宇宙創造了人類和我們的意識？還是世界萬物皆由唯心所造，唯識所現？這個答案也許留給詩人好了。周夢蝶的詩寫道：「……是水負載著船和我行走？抑是我行走，負戴著船和水？暝色撩人，愛因斯坦底笑很玄，很蒼涼。」（《擺渡船上》）也可以用來推論質疑所謂真實本質到底是客觀的存在，或是主觀的認為，愛因斯坦的相對論和量子物理學在某種程度上模糊了兩者之間的界線。

①例如，雖然DNA是去氧核糖核酸物質，但是它儲存了加密的遺傳資訊，必須透過酵素和細胞核內蛋白質，來解讀成mRNA和具有功能性的蛋白質來執行各樣的生物功能。

6

「我」的特殊鏡頭

我們對現實的認知，
正是使用心理模型來模擬的結果，
每個人使用的模型也不盡相同，
正如每個人都帶著「我」的特殊鏡頭，
來看這個繽紛世界。

1. 用「心理模型」來感知生活的世界

潛意識中的非邏輯特定思考模式一直左右我們的行為，但是我們卻一無所知。例如，比起低價位的學名藥，病人對高價位（但完全一樣）的原廠藥，更有信心。這是因為我們認為（但通常並非如此）高價位的藥物必定有其成本上的考量，藥效更好，但除非有充足證據，這些想法無非是自己編造的。

我們也慣性地去買同一個品牌的商品，動機並非是對實物本身功能性的理性考量，而是我們去買這個品牌的欲望已經被條件化了（conditioned），因為這個品牌可以喚起消費者特殊的回憶、聯想和情緒，不論是從自己或朋友的經驗或是廣告而來。

我們對現實的認知，正是使用心理模型來模擬的結果，每個人使用的模型也不盡相同，正如每一個人都帶著「我」的特殊鏡頭來看這個繽紛世界—綺麗、悲慘、無聊存乎一心。但是有一個共同的現象就是當這個模型是成功的（即符合我意），我們就認為是真，若非如此，就會質疑它，繼續使用其他模式，潛意識地將之回歸成我們所期待的，這就是合理化的心理機制，讓我們生活上避免混淆，但是這種思考不見得就是理性，「心理模型」甚至是人類非理性思考的起因之一。

採用不同的心理模型來製造我們覺知的現實，就像科學家會利用不同的數學模型，來解釋自然的現象一樣。我們在書本和網路上所看到各種不同恐龍的造型，來自我們從有限化的石證據和恐龍腳印重建和想像，不管我們的科技多麼進步，我們還是無緣目睹這些侏羅紀主宰世界物種的本來面目。不同的數學或程式模型，透過藝術家的眼光所合成的恐龍造型，也不盡相同。同樣地，個人也可以採取不同的心理模型去解釋身處的世界。

那這個心理模型到底什麼呢？

2.「心理模型」是怎麼來的？

既然我們用「心理模型」來感知我們生活的世界，我們個人可感知和意識到的，只是局部的現實（Local Reality），而非廣泛、完全適用的真實。我們的心如何具體化我們所能認知的事物和經驗？

我們所處的世界可傳遞的訊息，龐大複雜到我們的心智無法直接掌握，必須使用潛意識，把如此偌大的實相聚合體，切割成眾多「時空」小單元，再將與自身有關和想要的小單位分別抽離出來，讓我們的意識能夠加以處理（否則很有可能像電腦無法處理巨大的資訊一樣，會當機！）將「微分」後的事項篩選出來，由每個人獨特的方程式，「積分」成一個解析度很低卻屬於「我」的「觀念」，再加上語言文字的使用，由此具體化我們所能認知的事物和經驗。

同時，人的記憶對心理模型會產生很大的影響。問題是人類經常通過「相信」過去似是而非的記憶和描述，來合理化當前的想法和決定。

最近有一篇利根川進教授（Tonegawa Susumu）的研究論文，發現將小老鼠的海馬迴（Hippocampus）用人工關聯的方式，可以把以前儲存的訊息產生變質或合成新的記憶，但是實驗老鼠會信以為真。我們人類更是會透過潛意識試圖合成記憶，來自動填補一段空白的記憶，不管是真有其事，還是純屬虛構。

可怕的是，我們對此完全無知。如果記憶不再是完全真實，那我們心理模式的運作，就更不可靠了。

3. 立足自身看待事物，未識事物本象

我們的心並不像一面鏡子，可以即時、忠實地反映外界種種，事實上，我們的感知世界取決於自己內心（潛意識）的期望和想詢問的問題，對於那些不相關或沒有興趣的事物，往往都視而不見、聽而不聞，也不會形成感知的一部分。加上每個人的期望和想問的問題也不盡相同，相同情境所產生的感知對每一個人來說，當然也就不一樣了。所以我們會對於（相對其他人而言）顯而易見的事情或自己的缺點，視若無睹。

也就是說，人類創造的現實感就像拍照一樣，攝影者使用獨有的藝術觀點，透過鏡頭，主動地選取其中一小部分的實體和決定性瞬間，製造完全不一樣的現實，賦予影像特殊意義，如詩、謎樣、震撼、縈懷我心，這就是寫實攝影最迷人的魅力。攝影者從原始的大真實裡，截取所需，創造出屬於個人的現實。我們所看到的藝術照片，其實是攝影者本身的獨特觀點，是他主觀要傳達的訊息，而絕非真實的中性呈現（請掃描第十二頁的 QRCode）。

我們的心理模式就像攝影者，會不斷過濾外界傳來的資訊，運用潛意識捕捉部分

的真實，再依照我們特有的認知經驗，創造局部、以我為中心、而非整體的真實。如美國作家安娜斯寧（Anais Nin）所言：「我們立足自身看待事物，未識事物本象。（原文 We don't see things as they are, but we see things as we are）」有了這個唯心所造的「現實」感，「我」就存在了。

4. 用五蘊來感知自己的存在

我們對外界的認識和解讀過程是依據外界事物包括自身的存在（色），由感覺神經將外在訊息透過感覺器官傳入腦部特定區域，而產生初步未經處理的感覺（受），製作成不同感知和情緒（想），更高層級的認知，形成觀念，誘導動機產生和計畫（行），由此產生複合的意識（識）。這就是人感知世界的特定模式。

這個過程，色、受、想、行、識，在佛學中簡稱為「五蘊」，也就是我們大腦利用感覺系統不斷將外在所有事件轉換成相應的感知、情緒、認知和記憶。一般人也是透過「五蘊」來感知自己的存在。我們都認為造成自我意識的五蘊就是自己，

「我」等同五蘊，殊不知五蘊只是腦部建構所感知世界的一個模式而已！

5. 五蘊不實的科學根據

佛陀和無數成就斐然的修行者，經由自身實證得到相同的結論，即五蘊不是真實存在的。現今的認知神經科學，也提供了五蘊不實的證明。

多納・霍夫曼（Donald Hoffman）是美國加州大學爾灣分校的認知神經科學家，他的研究發現，我們的感官和大腦的進化，其實是為了隱藏真實的本質，而不是去揭露它。

怎麼說呢？他以電腦和手機的「圖形介面轉換」貼切比擬我們大腦構建的外在世界。如果我們的腦像一部智慧手機或電腦裡的主機，那麼意識就是螢幕。螢幕上的所有圖標，像是各種應用程式（LINE、Facebook 等）、垃圾桶圖示、滑鼠游標、照相功能、文件夾等圖示，與電腦內部微處理器真正發生的運作，完全沒有關聯。這些簡化、抽象、轉化來的圖形介面捷徑，使我們能夠不需去真正理解程式的運作和複雜的電子電路系統，即能迅速有效率的解決現實問題。

在他看來，這種人腦圖形界面轉換，即是人類演化的產物。五蘊也可以視為人的圖形介面，它只要能有效處理問題即可，不需再現真實。

想想看，如果沒有這些圖形介面轉換的圖示，我們要從手機執行一項功能（例如存檔），是多麼困難。

6. 不執著五蘊脫離情緒控制

準確認知自然實相，並無法解決食、衣、住、行等現實問題，對物理世界完全瞭解，在日常生活中並沒有來的那麼重要。能夠增強我們生存能力的，並非是去了解科學實相，而是有能力生存在物理實相所創造的世界中。就像霍夫曼所說的：「適應勝過真理！」

我們誤以為真的五蘊，讓我們有能力適應不同的環境，這是它的好處，但是同時也帶給我們苦惱的來源。這是因為我們誤將電腦上的垃圾桶圖示當成真正的垃圾桶，將照相功能的圖示誤認為照相機，也把五蘊所設計的感覺、情緒和意識當成真正實相。

所以佛教哲學裡面有一個重要的思想，就是摒棄五蘊的實體化，這也是我們了解痛苦病理學的必修課程。很重要的一點是，我們必須倚靠五蘊來生活，但是心理上不要對它有所執著①。

瞭解五蘊，可以幫助我們剖析從生物上的感知到心理感受以及情緒起落的過程，這對遠離執著於好壞感受是很重要的一步。如果我們能仔細微觀現在的感受是來自五蘊短暫的神經科學反應，就會比較容易脫離情緒的控制，也不會因為一時情緒的激動而做出不理智的行為。

7. 心如工畫師，能畫諸世間

上節的後半段討論到世界只是我們感覺的產物，但是仔細分析之後，會發現我們的感官知覺、記憶，甚至連情緒都是五蘊建構的。悲歡喜捨皆由心定，所謂的榮耀、權力、情愛、對與錯、甚至天堂地獄和涅槃其實都是我們心中建立的概念。

我們的心，創造了我們所認知的世界，這正如《華嚴經》所說，「心如工畫師，能畫諸世間，五蘊悉從生，無法而不造。」也因為如此，我們會把自身的情緒和執著的心，不知不覺地添加於實相之中，但我們渾然無知。後果就是無法看清實相，增加人與人之間互動關係的困難度，並對其他人產生錯誤的觀感和期待。

所以說，用「我」這個特殊鏡頭來看周遭的世界，看到的無非是「套用模型式的現實」，而非真正的實相。「我」的存在是每個人自身經驗的反芻，加上不斷對未來做計畫的過程，合成了以我為中心的世界。我們所認知的現象，並非是客觀存在，而是感官意識和觀念，經由「我」的特殊鏡頭所看到的。

《金剛經》經文有云：「凡所有相，皆是虛妄」，意思是說，我們所能感受到的宇宙所有現象，包括物質和現象（當然包括自身），其實都是因緣聚合和離散所造成，其暫時的存在純屬意識的虛構。印度大乘佛法三大體系中的「虛妄唯識系」，其中心論點就是：「諸法唯心所造，唯識所現，一切因果，世界微塵，因心成體。」諸法的「法」，指的是我們所能感知的一切存在，一切現象，及內心世界。這句話相當程度地支持了一切法從心想生的觀點。

這裡所謂的「心」或「心識」是否屬於物質世界（人腦是由神經細胞，生化物質，基本粒子組成）或是獨立於物質之外（因為以現在的知識無法解釋）雖然不得而知，但重點是，既然我們使用「我」這特殊鏡頭來看世界，所觀察到的無非是虛妄，那為什麼我們還能在地球上生存這麼好，而且主宰整個世界？這就要從演化說起。

①正如入世修行大師維摩詰居士所言，「不捨有為，而起無相。」

7
人類的幸福快樂並非演化關心的主題

物競天擇沒有必然進步，
結果只有適者生存。
至於是否完美或幸福快樂，
不是演化關心的重點。

1. 現代人類有著史前時代的DNA

家裡的喵星人除了肚子餓，水沒了或廁所不乾淨時，才會用盡各種很萌的身體語言，請求即刻服務，此外，沒有什麼會讓牠們感到痛苦的事情。牠們總會用長長的舌頭清理毛髮，和主人（其實是貓僕）玩欲迎還拒的遊戲，最後期待主人為牠按摩，直到滿足的發出咕嚕聲為止。

在美國舊金山灣區有貓的心理諮詢師（一小時一百美金起跳），其實大部分的貓咪一點都不需要心理輔導，就可以過得悠遊自在，因為牠們不像人類有複雜的認知和豐富想像力，相當容易滿足現況。

如果有貓版本的快樂量表而且牠們會回答的話，其幸福指數絕對贏過我們這些心思細密，不是活在過去就是想著未來，像陀螺般打轉的人類。

現代人類之所以能在演化的遊戲裡占盡優勢，主宰地球，是因為現代人類從物種進化中獲得高等智力，增進人類對環境變遷的適應性，可以生活在不同的地理和氣候環境中。相反地，原始人類（Hominid）例如尼安德塔人就因無法適應不斷變遷的自然環境，也無法和現代人類（智人）競爭，所以就從演化中消失。

現代人類在演化後成為優勢，但演化卻沒有讓人類因為優勢而比喵星人容易幸福。

高度複雜的人腦使我們具有推理、想像、發問、假設、計畫、發明的能力，再加上語言文字的應用、抽象思考及對時間縱深（Time Depth 即過去及未來）的認知，使我們具備了形成複雜社會的能力，再加上我們與生俱來的自我中心和利他主義雙重影響下，我們能對未來可能的遭遇未雨綢繆，並想方設法使用策略，以得到個人或族群的最大利益。

但我想要提醒的是，演化是物理化學現象的生物性延伸，並非事先設計的，並沒有特定目的，更不會「預見未來」，其重視的只有物種是否適應「現今」環境並能存活和繁衍後代。在這樣的物競天擇下，我們的腦擁有一個以我為中心的思考模式，來實現自己的生存和繁殖後代。

2. 我們在演化上已經落後二十萬年

現代人類大約逐漸出現在二十萬年前的更新世紀（Pleistocene），理論上，我們應該還停留在能否適應那時候史前時期環境的程度，而非現今二十一世紀。舉例來說，人類新生兒和嬰兒體內脂肪所占的身體比例，是所有動物中的前幾名，這極可能是因為脂肪所儲存的能量，可以像電池一樣支持需要巨大能量的人腦發展；也就是說，人類為了增加適應力，所以要有儲存脂肪的潛能。

這樣的條件有利於生存在食物可能隨時匱乏的原始時代。演化的結果是，高油脂食物特別能激化人腦的獎勵神經細胞區（Reward Center），驅使人類特別去尋找這些食物，以儲存更多能量，以備不時之需。

對於早期需從事狩獵採集的人類來說，因為需要花很多時間尋找食物，有充分的活動，且壽命短暫到等不到產生慢性疾病。然而，這樣的演化遺傳到現代人身上，就變成了容易肥胖以及對高能量油炸食物情有獨鍾，進而造成肥胖、糖尿病、癌症和其他代謝疾病群的主要原因之一。

3. 後設認知是演化的關鍵產物

人類不完美的演化還可以從另一個地方看出來。和其他動物比較，人類的新生兒（足月產）其實算是早產兒。因人是直立動物，受重力影響，人類的新生兒天生註定早產，另一個原因是，人類因為腦容量增加，頭部跟身體的比例比其他動物來得大，如果不早產，繼續生長的胎兒頭顱會消耗更多母親能量，也恐怕無法讓胎兒從母親的骨盆腔自然分娩。

但是，以物種生存角度來看，腦容量突然變大，比早產風險更能讓物種有生存競爭優勢，因為變大的人腦具有更多神經元和神經連接體（Connectome），能夠深層思考，想像、分析、從事更複雜的認知、行為和活動。

二〇一八年有兩個獨立研究都同時發現到，人類腦部進化跟一個基因（NOTCH2NL）的突變有很大的相關性。這個突變基因只有人類才有，它的作用可能是促進腦皮質神經元的產生。也因此讓人擁有了重要的「後設認知（Metacognition）」。後設認知就是對自己認知過程的思考，例如去觀察自己的心。這種能力有助於人類的學習，也可以被認為是人類在演化過程中，特別形成的神經網路。

4. 對別人的期望也是苦惱源

在演化生物學上，科學家發現位於前額葉有一群鏡像神經元（Mirror Neurons），形成了鏡像神經網路（Mirror Neural Network），而這些鏡像神經網路可能和社會行為，還有語言進化有關；另外，這些神經網路還有一個特殊功能，即是能察言觀色，猜測別人心中的想法，預知他們行為動機。

也就是說，人類先進的智慧，不但使我們能夠某種程度地觀照自己的心，也能某種程度地去察覺別人的心態，及解讀其行為，這就是所謂的心理理論（Theory of Mind）基礎。

但是，人類解讀別人心識和行為（包括信仰、意圖、情緒、知識、欲望）的準確度通常不高。更糟糕的是，我們還會因自己的妄想和潛意識作用下，擅自在內心編織了關於夫妻、親子、同事、朋友和敵人的故事。

雖然這些想像（對其他人心理行為的敘述），有可能讓我們暫時感到慰藉，但這些只是我們的預期，並非他們真正的想法和行為，甚至有可能完全相反！結果反而造成心理上的失望、驚訝等負面感覺。

「實在不知道你在想什麼？」「為什麼會這樣對待我？」「我想你會來的，怎麼又變卦了？」「怎麼會突然接受邀請？」「我以為他會打電話給我，為什麼都沒有呢？」如此一來，人類就會因期望落差而產生心靈苦楚。

5. 痛苦是人類進化的產物

除了對他人期望落差所帶來的痛苦外，還有一種痛苦，就是對現狀不滿，也被認為是一種生物性的適應。

我們可以想像，如果有個特殊部落，一直處在無憂無慮中，從來不知道什麼叫做痛苦，這樣的部落將無法和「具有高度貪欲、無法滿足現況、自為我中心」的族群競爭；而那些雄心勃勃但精神痛苦的族群，為了滿足個人或族群的需求，必然會千方百計侵犯和掠奪這群沒有防範之心的快樂部落。

用演化的語言來說，前述部落就是無法極大化他們的適應性（Inclusive Fitness）。從這個案例，我們也可以清楚明白，人類的痛苦，可以視為演化的必然產物，也是我們必須付出的代價。

也就是說，生物的進化選擇了具有高度智力的人類，但諷刺的是，這些演化的結果也是造成我們和生存無關的精神痛苦的來源。

6. 演化讓我們產生偏見與盲點

我要強調的是，從演化生物學的觀點，人類心理痛苦的產生，基本上無關道德對錯，完全是生物性的。當然不可否認地，其他先天遺傳或是後天學習等因素，都會影響個人對心理痛苦的忍受度和嚴重度。

演化的結果，賦予人類獨有的智力，但也帶來潛意識思考的盲點和偏見。我們利用偏見過濾世界，但是各式各樣的偏見加上隱藏的盲點，也損害了我們獲得幸福快樂生活的能力。以下就是人類因演化而出現的先天性偏見和盲點：

①運用語言文字的技能

語言文字是人類彼此溝通以及抽象思考的必要技能，也就是所謂的「名相」。我們用語言文字來命名和分辨事物，但語言文字的應用是為了方便，對一個事件的看法，不同的人或是不同的文化社會，就可能完全不同。在科學上更是如此，例如在無重力狀態下，即沒有所謂的上下之分。兩艘正在運動中的太空船相遇，乘客無法知道，到底是自己「前去」或是對方「過來」。

所以，重點不在於「名相」本身，而是我們常用語言文字賦與事物過多的意義甚至情緒，遠遠超過它們的「真實義」。也因為如此，當任何物象被放進語言文字的框架後，就產生了「分別識」，如好壞、快慢、美醜、值得和不值得等等。由於觀念上的分別，誕生了執著，一有執著，煩惱就來了！因為執著製造出貪婪、瞋怒、愚癡、愛欲、憎恨。所以我們可以善用語言文字，但不要被它們所迷惑。

②以自我為中心的意識

演化機制可能選擇讓現代人類具有自我意識，以幫助物種生存繁衍。最近的研究顯示，自我意識是演化上的副產品。我們可以這樣來想像，當人腦八百六十億個神經元形成一個密閉的電路系統，極度複雜的神經網路流動著巨量的資訊時，這種無數的訊息交互作用，加上記憶體細胞的參與，足以造成「資訊回音」，使得網路連結體持續「自動自發」作用，由此形成自我意識，就像是具有引擎的機器運作時產生的噪音。雖然噪音對於機械運作沒有直接關係，但由於噪音的產生，讓我們能感知引擎系統的存在和功能。

然而，自我中心的意識支配了我們的思考和行為。它的增強提升了個人化，增加自信和競爭力，能讓物種更適應環境，確保自身安全和基本生活物資不虞匱乏，並能主宰別人。但代價就是容易造成自我執著、自私自利，這就是造成心理痛苦的致病機轉之一。

③生活在期望之中

人類無時無刻不在想著各種和自己有關但尚未發生的美好事情。例如，想像自己、親朋好友、或者子女未來的成功、飛黃騰達。這種建築在小小幻想未來快樂的能力，會激發人類樂觀進取的心，鼓勵遠古的人們在險惡的自然環境中生存下去。

生活在期望當中的樂觀精神，可視為演化上的優點；但是，如果期望中的事情並沒有如期發生，過度消費尚未得到的快樂，則可能造成未來的失落和心靈上的傷害。

我們常用「心想事成」祝福別人，祝福的本意當然是好的，但若把此事當真，這句話正是造成痛苦的一個典型範例，因為這完全違反自然法則，是人類愚癡的表徵。我們有各種欲望（原始或文明的），希望事物按照我們設想的方式進行，而且期待好的狀態不會改變。然而，「希望」本身就是一種我執，期望事合我意，這件事本身即是痛苦；希望快樂解脫，其實就是給自己帶來麻煩痛苦。

佛陀教導我們不要去執著，零期待，別想成為什麼，應活在當下；這絕不是消極態度，也不是對所有日常生活的無所謂和不關心。相反地，這種認知過程的改造與再學習，能讓我們不再執著「有所得」和「我所擁有」，可以有更廣的人生視野和更深的生活體驗，更能專注於周邊的人事物。這是因為我們有了穩定的情緒、正面的想法，對現在或即將到來的心理痛苦與不幸，會有更高的忍受機制。

④想像和抽象思考的能力

想像力將我們帶到經驗無法到達的世界，提升人類的生存價值與意義，也賦予人類不可思議的創造力；經出藝術、音樂、文學、哲學和科學，這樣的抽象思維把人類推向高度文明，因為知識只限於我們現今所認識和了解的，而想像力，可以擁抱整個世界。

抽象思考也讓我們在演化中具有優勢，例如深謀遠慮、創新精神和自我欺騙的能力。但不幸的是，抽象思考能力也被用在與生存無直接關係的面向上，例如疾病並不真的那麼可怕，它只是生理或心理的病變，可怕的是疾病產生的「隱喻」。

因為疾病可能威脅自我的存在，因此我們對疾病充滿過多的想像和放大，對疾病所帶來的不安焦慮，足以讓我們生活充滿痛苦。正如羅馬哲人塞內卡（Lucius Annaeus Seneca）的一句名言，「想像讓我們的痛苦更深遠，勝於現實的環境。」換句話說，我們被驚嚇的程度，也許比真的受傷還來得大。

⑤暫時的歡愉

我們必須一而再、再而三的從事有利生存的行為。完成這些工作，會帶給人們不同種類和程度的快感，這也是我們去做某些特定事情的原始動機，像是飽餐一頓得到的滿足感。截至目前所知，至少有六種以上的神經化學物質和快樂有關；這些神經化學物質的濃度增加，會讓我們產生多樣的正面情緒，包括幸福感（Endocannabinoid）、獎勵（Dopamine）、信任感和親密感（Oxytocin），降低疼痛（Endorphins），降低焦慮（GABA），增加信心（Serotonin）。

然而這種快感總是很快的就會消失。可能的原因是這些幸福化學物質的半衰期非常短，所以我們才須規律進食，提供充足的能量來源，如果是一星期或是想到才吃一頓飯，大部分的動物都會被自然淘汰。

另外，人腦裡面有一個稱為阿控伯核（Nucleus Accumbens）的區域，這個區域由許多特殊神經元組合，主管獎勵還有動機加強（Reward and Reinforcement）的機制。因為產生暫時歡愉的神經元突觸（Synapse）連結，會很快回復原狀，所以我們獲得快感持續不久就會感到不滿足，因此會一直處心積慮從事同樣類似行為，想要「重溫」快樂。

我們對其他快感的追求也是如此。這是演化選擇出來的，就像在跑步機上跑步一樣，我們得不斷的奔跑，這也是精神痛苦的來源之一。

⑥心理依戀和執著

一九五八年，英國發展心理學家包爾比（John Bowlby）提出「心理依戀」學說，認為這是動物在演化中適應環境的必要表徵。嬰幼兒為了生存，必須心理依戀父母，才能得到生存所必要的照顧；相同地，照顧者，例如母親，也必須具有這種行為，才能增加子女生存的機會，這是動物的本能。

但是現代的人類過度使用心理依戀機制，變成不正常的執著（Attachment）。執著屬於我和與我有關聯的人、事、物，包括財富、健康、地位、子女、榮耀等等。這種我執（執著自身）和法執（執著外在現象），會把我們快速的推向痛苦深淵。

不只生物演化選擇了物種「俱生我執」①的結果，但在演化之外，還有一個解釋就是「學習及行為理論」。「學習及行為理論」指出，當個體被給予食物或是精神上的恩惠時，個體會慢慢學習去依賴這個來源或施捨者；然而這心理好處的來源，就是我們「愉快的感覺和愛」本身，以及我們「千方百計追求個人欲求」，因此這種依戀執著也可稱為「遍計我執」（Imputed self-clinging）。

因為我們依戀「我」，和外在「我可以認知所有事物（我所）」，這種我執，無時無刻重複地進行（遍計），它與俱生我執一樣，也是根深柢固，須有大智慧，不斷心的練習，才有可能減輕它所帶來的負面心理衝擊。

⑦絕對主義式思考

人腦的潛意識會試圖找到最簡單、最不費力氣的思考方式，這種「捷徑式」的思維，簡稱「絕對主義」（Absolutism）思考。好處是會節省思考的時間，降低腦部消耗的能源，且不去占據太多有限的意識資源，有利物種生存。這就像動物行為專家在研究群鳥飛行模式時發現，鳥群變換隊形是隨機的，當其中一隻鳥無意間飛行在最前端，其他的鳥就跟著牠飛，並沒有真正的領航者。如此鳥就不需要花很多精神力氣思考怎麼飛，只要跟著前面的鳥就行了（也可減少飛行阻力）。

對人類來說，例如接受共識或信任專家，總比自己花時間研究和深思熟慮來得簡單。絕對主義式的思考，帶給我們非黑即白的觀點，很少有灰色地帶。雖然，捷徑式的思考對日常生活的幫助很大，但當它們無法作用時，也會很快導致認知偏差，因為這樣的思考會讓人無法注意到細微的差別，也會輕忽事件本身的複雜性。代價就是：不能深思熟慮和全方位地考慮去解決問題，錯誤總難避免。

此外，這種想法也會危害事業的成功、人際的關係和自我的期許。憂鬱症病人當中，若具有絕對主義，非善即惡，二分法的思考者，復發的機會會比對照組來得高。另一個研究顯示，和一般人比較起來，憂鬱和焦慮症患者以及有自殺傾向的人，使用絕對主義的語言（例如，好壞、是非、善惡、成敗、長短、大小等）都會大大地增加。

使用二分法思考的人，常會把「好」與「壞」完全對立，認為好和壞是相反的，不相容，只要認定是好的，就要追逐；壞的，就要避開。對其他的概念也是如此。然而從科學甚至古老的佛教思想的角度來看，真實的世界並非這樣絕對。龍樹菩薩大約在兩千年前就提倡中論，認為一切現象的存在和形成，都是「緣起」，互相依靠而產生，沒有任何事物是「本來就有」、「獨立存在」，因為它們一直在改變中。

正因為眾多的因和緣隨時都在改變，所以事物現象也一直變化，顯現出無常。因此要打破所有對立的觀念和界線，我們必須要有這樣的認知：一切都是非常中性的，萬物都只是人類用名相創造出相對的概念。這也是佛教裡面「中道」思想的理論基礎，可以擺脫掉入絕對思考和語言文字的陷阱，讓我們看清楚事實的真相。

⑧時間的概念

因為演化，我們更有能力擁抱時間縱深的概念。低等生物，像是原蟲類或軟體動物，幾乎只生存在當下，因此這些物種對外界的反應，會簡化成反射動作和化學趨向反應。其他有脊椎動物對時間縱深的概念也非常淺，通常只侷限在此時此刻，以及利用以前為了生存所產生的記憶，和外界連結。人類因為時間縱深顯著延長，使我們可以利用過去累積的經驗，試圖來預測將來什麼時間和地點會發生什麼事。

這個演化上的好處是可以降低或避免即將到來的危險、飢餓、威脅，讓我們有時間去計畫和做好準備，不管是好的或是壞的來臨（例如颱風警報）。不但如此，我們的心也可以去模擬以後可能的處境和心理表徵（Mental Representation），然後修正我們現在的計畫為之因應。

問題是，時間縱深的概念會讓我們反芻對過去懊惱、後悔的負面心理狀態，並產生無謂的憂慮、不確定感和對死亡的過度恐懼。重要的是，有了時間縱深的能力，讓人看不清處當下，因為人無時無刻不是在想過去，就是籌畫未來。

有人問達賴喇嘛，關於人性最讓他感到驚訝的是什麼？他說，「人為了賺錢，犧牲健康。為了修復身體，犧牲錢財。然後因擔心未來，無法享受現在。就這樣，無法活在當下。活著時忘了生命是短暫的，死時才發現未曾好好地活著。」

⑨沉沒成本謬論（Sunk Cost Fallacy）的受害者

「沉沒成本」原本是管理學的術語，意謂已發生或承諾無法收回的成本，不應該影響下一步決策。決策者應該排除「沉沒成本」所造成的心理困擾，而去考慮如何達成未來的成果，否則損失會更嚴重。這個謬思是早期人類適應生存必須具備的。它可能源自遠古時代因自然環境資源有限，人必須去計算已投資的成本（包括時間和過去的努力等），但是到了當今社會，反而變成我們天生具有的偏見。

最近的研究發現，不只人類對「沉沒成本」敏感，其他動物也有相同的問題，這反映出這種現象和演化息息相關。所以人類會在情緒上，對過去的投資不管是金錢、情感或時間付出，念念不忘。常見的例子是，買了很昂貴的音樂會門票，雖然感冒發燒，還是「不得不去」，結果只會讓身體更不舒服，也可能傳染給別人，或是有種情況是有些人結婚，是為了償還過去男女雙方已付出的精神和時間，而不是考量結婚對雙方的適合性和未來的幸福。

⑩其他非理性的認知

每個人在意識底層都潛藏著不同程度和種類的非理性認知，例如，確認偏見（Confirmation Bias）或動機推理（Motivated Reasoning）。這種非理性認知指的是我們處理信息時，不會像公正的法官，而是不管對錯，習慣地主動選擇、強調並重新解釋特定證據，以強化早已先入為主的信念。在現代的社會中，這種非理性的認知思考，讓我們容易做出錯誤的判斷和行動。這是因為，儘管有充分的證據顯示原本的信念並不正確，但人類往往還是會調整標準，去接受那些支持我們首選結論的證據。換句話說，人們實際上是在尋求證據（包括記憶的重建）來支持已經相信的信息，而不是理性地確認結論真的是如此。

另外有一種心態雖然非理性，但並非完全無益，尤其是在原始人類社群中，資訊、聯絡、溝通還處於很原始的階段，具戲劇性的大事件容易引人注意，有助消息的傳播，也幫助史前人類從別人經驗中知道潛在問題，對可能到來的危險有所恐懼，並採取積極的預防措施。

然而，不大理性的地方在於，人們會忽略機率問題，只看到分子數，而沒看到龐大，但通常被忽略的分母數，也就是說，大多數的人沒有看到數學統計上的事實，即「回歸到平均值」（Regression Toward the Mean）。通常單一事件的發生，離平均值很遠時，就會被加以檢視和宣傳，但如果一直觀察同樣事件，大部分的結果會趨向平均值。

舉例來說，曾有一則新聞報導，美國奧利岡州一家醫院的神經創傷科，九位護士幾乎在同一時間懷孕（不是計劃好的），因為實在是太罕見了，大家議論紛紛，嘖嘖稱奇。但是這其實是機率的分佈，因為單單美國就有成千上萬的醫療單位和科別，只要取樣夠大，這種極少見「不可思議」的巧合，是會發生的。

某人在特定商家中了彩券大獎，很多人就會跟著排隊去買；一個小孩接種疫苗後出現自閉傾向，就會嚇壞很多父母。我們容易被極為罕見（超過正常值很遠）的事件迷惑了，不到萬分之一發生機率的事情，在群眾裡持續被發酵和放大，變成大家討論的對象，好像罕見的好運和悲劇隨時會降臨在我們身上。這種不理性的認知，也成為廣告和新聞媒體常採用的商業心理學策略。

7. 精神痛苦是演化後遺症

物競天擇選擇我們具有高智慧的代價，就是留下我們認知上不完美和缺點，以及非理性思考，此即是精神痛苦的起源，也可視為演化的陷阱。

由這裡也可以證明，物種演化並不是去追求完美，而是適者生存，得以繼續繁衍，讓物種 DNA 長傳於世。從這個角度來看，這些不完美和缺陷是自然而然產生的，也就是說並沒有任何神祕色彩，也無關罪惡、懲罰或救贖。所謂演化上「設計」的生理和心理缺點，可以看成是人類進化中，不斷受到考驗和挑戰所留下的疤痕。但正因為這些缺點，豐富了人類精神感情世界，成就無數宏偉文學藝術創作，並賦予我們珍貴的人性。

①與生俱來的我執，是演化的產物，也是佛教裡累生累劫而延續下來的心病，是先天性的。

8

當自我遇上了自然實相

獲得想要的事物或結果後，
我們會處心積慮去保有、照顧，
因為擔心珍惜的人事物會消失。
這樣的想法會增加對愛的執著，
導致心理痛苦的產生。

1. 人類的欲望多半和生存無關

當虛妄的自我遇上了自然實相會出現怎樣的反應呢？原始佛教對五蘊（色、受、想、行、識）和十二因緣法（如無明、受、愛、取、有等等）有具體的闡釋。

由於我們有這個色身，感覺器官將外界及身體訊息，透過周邊感覺神經不斷傳入中樞神經。這些原始的感官資料會在大腦不同特定區域被加以處理，投射到更高層次的大腦區域，並受記憶和人格特質影響，產生複合情緒、認知、和意識①，這就是十二因緣中的「受」。

我們對於好的感受，會想辦法保持，而且不用多久，就會進一步想要追求更好的感受。相反的，對於不好的感受，就會處心積慮去減低或逃避。因此，我們對感受（好或壞）會有所執著（十二因緣法中的「愛」）。

為了「愛」，我們會產生動機和行動（十二因緣法中的「取」），行動是為了獲得我們想要的，拋棄、遠離我們所不要的。獲得了我們想要的事物或結果之後（十二因緣法的「有」），我們會處心積慮地去保有、照顧，且擔心有一天我們珍惜的人、事、物會質變、褪色和消失。這些想法會增加（回饋）對愛的執著，導致產生心理痛苦，這就是因為以「自我」為起點的愛，是短暫和脆弱的，有了愛的感覺，就會推動「受、愛、取、有」的轉輪②。

達賴喇嘛說：「生活會累，一半是來自於生存，一半緣於欲望與攀比。」就是因為我們所要「取」和所要擁「有」的，很多是和生存無關的執著，是心理而非生理的需要，因此痛苦就永無止境。

我們為什麼會這麼無理性呢？正如《阿含經》中所說：「無明覆蓋，愛結束縛」。所謂的「無明」是指我們對於事實真相的無知，還有對這種無知的無知，臣服於演化帶來的心理思考模式，認為一切世間所有的現象，包括自己本身，都是實存、不變、唯一、獨立自主的。

有「我」，就有「你」，有現今、過去和未來的眾人。這就是《金剛經》所說的：「有我相、人相、眾生相、壽者相。」有「我」的概念具體化後，也讓我們生存的一切具體化了，結果就是會讓我們對自己和所喜歡的事物與現象更執著，是佛法所說中的「我執」和「法執」，也就是痛苦的來源和病理機轉。

2. 自我世界與真實世界的衝突不斷

當自我的想法膨脹，我執的強度就會增強，執著的範圍也會越大，內容也就越多。人不但會執著自身，也會執著外在事物（法執）。我們可以把「我執」和「法執」想成一個泡沫，自我概念就是支持這個泡沫的氣體，概念越強，這個泡沫的體積就越大。

然而，真實（科學）世界的現象是可變異與無常的，當自我的泡沫和外界的真實互相作用後，衝突與變化就會不斷產生。表面積越大的泡沫，接觸到的外界實相表面積也就越大，衝突的指數也就越高。相反地，泡沫越小，衝突的指數也變小。

這些心理上的衝突，會進一步轉換成各式各樣的精神苦楚。如果我執的強度越高，我們的痛苦程度就越高。如果我執的強度越低，那我們對無常的忍受度也就越高，感受到的心理痛苦也相對降低。這個泡沫理論，預告了我們可能從中找到解決方式。

3. 看不到真正的自我將落入人類演化的陷阱

自我執著和非理性思考，不只會變成個人的煩惱和痛苦源，若發生在位高權重的領導者身上，則可能會帶來更大的災難。

伊麗莎白．洪姆斯（Elizabeth Holmes）原是美國生技公司「Theranos」的創始人，自史丹佛大學休學後，年紀輕輕就創立了這家公司，吸引無數政商名人（如美國前國務卿季辛吉）投資或加入董事會。由於被號稱是革命性血液檢驗科技的創始人，她被美國主流媒體譽為賈伯斯第二。

這位年輕美麗的CEO在有意無意間，也穿著跟賈伯斯相仿的黑色緊身套頭毛衣。這家上市公司甚至要和街頭的超商與藥店合作，提供機器讓消費者能在巷口就可檢測血液生化數值，預知癌症和心血管疾病的罹病風險。因此，短短幾年，該公司就已經累積約九十億美元的資產。但是最近，她和公司已經被聯邦大陪審團以刑事罪起訴，原因是偽造資金流向，以及過分誇大商品價值騙取投資者和消費者。

事實上，那家公司在研發期間就出現不為人知的大問題。公司內部的首席醫學主管向她稟報產品的可靠性和準確性不如預期，建議立即停止研發和銷售。但是這位咄咄逼人的 CEO 完全不予理會，還是躲在自我中心的泡沫裡，只接受支持她想法的訊息（即第七章所提到的「確定偏見」或「動機推理」），潛意識忽略那些無法支持，甚至和她想法背道而馳的證據。她辭退了這名講實話的主管，還跟他說：「我們的檢測試劑不可能會有問題的！」她對假相的堅持，近乎信仰。當然我們很難剖析洪姆斯的心理思考邏輯，但是很有可能，她的我執極大膨脹，也許已經成了第七章所述「沉沒成本」謬論的受害者。而其影響，不只是她和公司，也導致無數投資者蒙受損失。

會這麼堅持，就是因為她戴上「我」這個特殊鏡頭，因自我為中心的思考模式催化了執著心、妄想心、驕傲心、攀緣心，導致她很難再清楚看到真正的自我，步上人類演化所設計的陷阱。伊麗莎白．洪姆斯，就像其他人一樣，都是自我世界與實相衝突的受害者。

4. 人類最難調適的莫過於自身的死亡

眾多的自然實相中，人類最難調適的莫過於自身的死亡。

在《摩訶婆羅多》（Mahabharata）史詩中，偽裝成夜叉（Yaksha）的神靈向般度族的堅戰（Yudhishthira）提問：「什麼是最不可思議的事情？」堅戰的答案是：「每一天都有無數人死去，但是那些還活著的人仍舊以為自己永遠不死」。

有趣的是，人們知道生活是苦，但是依舊依戀著會消逝的色身，所以忌諱死亡，逃避死亡，甚至希求長生不老，不知死亡和出生根本就是綑紮在同一個生命包裹裡。

5. 與其追求永生不如調整面對死亡的態度

但是，隨時觀照自身死亡，並不是一件簡單的事，只要意識到死亡，人們通常會反射式的引起某種程度的焦慮驚慌。我們的生活無法停格在恐懼中，為了克服自己終將死亡的恐懼，我們的老祖宗便發明了神話、仙丹和不朽的靈魂，還有各式各樣的天堂、極樂世界和救世主，並希望透過種種儀式來獲得象徵性的永生，降低我們對生命的不確定感以及阻擋死亡的來臨。

我們可以想像，如果人可以長生不死，還會感覺到快樂和意義嗎？首先，不朽的生命，其實是很無趣的，因為各種新奇的事物早就經歷過了，活到三百歲的時候，已經沒有其他新鮮的事情，足以激發我們無聊的生活，繼續提供生存的意義和啟發，於是這才發覺不死的生命其實是孤獨、索然無味的。其次，不朽的身體，即使不會老化，也需要依靠很多的資源來保持運作，無論怎樣精細保養，這個古董級的不死之身隨時需要進廠維修，影響生活的品質。

如果我們能仔細省思這些結果和所要付出的代價，體認永生不是祝福而是詛咒的時候，我們就不再執著長生不老的想法。所以我們能做的，就是去調整對待死亡的態度，克服自身即將死亡所引起的恐懼和不適。

6. 人因死而平等，世界因此除舊佈新

即使科學醫學進步，平均壽命得以延長，但人終究會死亡。對於個人而言，不管是誰，沒有人擁有生命的主控權，人就是生、老、病、死的縮影。若非如此，

物競不會天擇，生物演化因此終止，也不會有各類物種豐富世界和成就文明。世界上每一個人都會在不算長（一百年）的歲月裡逝去，所以人其實不是「生而平等」（不同先天基因和後天環境使然），而是因為死才平等。

史帝夫·賈伯斯（Steve Jobs），蘋果電腦創始人，傳神的詮釋這樣的觀點。他在二〇〇三年，還不到五十歲的年紀罹患極為罕見的胰臟癌，雖然這種癌症沒有那麼惡性，但是死亡陰影卻不斷籠罩著賈伯斯身上（他在二〇一一年由於腫瘤復發過世）。這位科技天才和億萬富翁在面臨死亡時，認真的思考人存在的價值和人性。於是他二〇〇五年於美國史丹佛大學畢業典禮演講時，分享了一段發人省思的話：

「毋忘自己將死，這是面臨人生數個重大抉擇時，助我決斷的一大利器。幾乎所有一切——所有外界期許、所有自豪、對窘境或失敗的恐懼——在死亡面前都一一遠去，僅留下真正重要的……

沒人想死，然而，死亡是我們所有人共享的終點。從未有人逃脫過，這理應如此，因為死亡幾乎可說是生命最出色的唯一造物。促進生命變革，除舊布新。」

7. 親近死亡更能活在當下

「Before I die」已經成為全球性的裝置藝術，創始人是美國一名年輕女藝術家Candy Chang。她先是在美國紐奧良的一處廢棄房子外牆上，置放一個大黑板，上頭印有「Before I die, I Want To...」（在我死之前，我要……）。路過的有心人，拿起不同顏色的粉筆，以幾個字聊表他們在死亡來臨之前要做的計畫，同時也可以審思別人的想法。

這個簡單的藝術裝置，產生了兩種效應：第一個是表達在死之前，個人最想要做的重要事情；第二個（其實更重要）是，這個標題提醒生活在庸碌與「無明」中的我們，死亡是所有人的歸宿。

面對這個赤裸裸的問題，有人振筆疾書，有人沉默以對。由於迴響熱烈，這位年輕藝術家應邀在歐美各地的社區、街頭小巷、或是美術館裡，協助設計類似的裝置計畫。黑板上寫的內容雖然五花八門，但最常見的留言如：「我要快樂的生活」、「完成童年夢想」、「我要環遊世界」、「我要學好西班牙文」、「容顏常駐」，「找到真愛」、「太空旅行」，「設計我的家」，「不用捏住鼻子去游泳」、

「雙腳跨越國際換日線」。

這個簡單但極具啟發的藝術創作，成為人生最逼真的寫照。我們必須自問「如果明天就是下一生，你將如何度過今天？（出自《如果明天就是下一生》一曲）」你是一位過客，你想寫些什麼呢？

8. 活在當下，減少自我膨脹，更能生活自在

畏懼死亡，是我們「存在焦慮」的主因以及精神痛苦的基礎，怕自己身壞命終時，一切消失於無形，或是會進入一個全然未知的經驗中。換句話說，我們因為沒有辦法洞察「無常」的實相和「自我」的虛妄所以害怕死亡。

親近自身的死亡，我們更容易活在當下，減少自我膨脹，我們更能逍遙自在。一旦無時無刻清楚知道死亡是我們最後歸宿，生活態度即會從容。真正的智慧，正如聖嚴法師所言：「本來沒有我，生死皆可拋」，意思就是，生和死所暫時寄居的色身，也不過是一種幻象。有了這種智慧後，對於死亡的積極態度應如古羅

馬哲人奧里利厄斯（Marcus Aurelius）所說：「人不應當害怕死亡，他所應害怕的是未曾真正地活著。」

無可否認，超越死亡是一個艱巨的精神工程，但是如果能用宏觀視野，去了解個人死亡在演化上和生物上的必然性與意義，以超越世俗的心態去分析它，我們就能更了解生的價值，也能肯定死的意義。

---

① 五蘊也可簡化成十二因緣法中的「受」。

② 佛法將這種循環簡稱為「惑、業、苦」，即對愛的期待和解釋發生認知上的錯誤——「惑」，因而產生相應的語言和行為——「業」，進而造成心靈上或身體上的痛苦——「苦」，此公式不斷重複。

9

理解痛苦本質才能獲得快樂的門票

超越痛苦的第一步就是
對災難、逆境、意外事件的到來，
坦然以對。
再難的問題，
只要你將問題寫下，
就已經解決了一半！

1. 從苦難中尋找快樂真諦

安樂的日子總讓人忘記逆境，但若失去危機意識，當我們有朝一日陷入困境時，就可能變得怯懦慌亂，導致情緒崩潰。相反地，如果我們對心靈痛苦有深入了解並居安思危，就會增加我自己遭遇困境時的免疫力。另外，很重要的一點是，只有經歷過苦難的人，才能真正瞭解自己在這世上對其他人的責任。接受困境和了解自身痛苦可以讓人得到更長遠的快樂，因為這些不幸將可以使我們更緊密地與更多人連結互動。

天主教若瑟醫院創辦人畢神父認為，如果我們的生活中沒有苦難，沒有困難，沒有衝突，沒有不愉快，那麼人就不會驚覺自己的有限，也不會體會到我們還都需要有別人的幫助；若非如此，很多人會自以為人可以獨立自存，不需要依靠其他的人來生活，人就會變得驕傲。想想，人與人之間的關係如果沒有互相的關愛，那將會是個難想像的悲劇。

不僅如此，痛苦的心靈可以建築更具有抗壓性的防火牆，如果沒有苦其心志，一個人的心不會變得堅強有彈性。我們越去躲避困難和痛苦，快樂就離我們更遠。快樂不是尋找得來，而是從苦難中去創造的。為什麼？因為有追尋，就有目的，而就有了「自我」，一但自我感越強，就越不能找到平靜，越不能擁有快樂。

安潔莉娜・裘莉（Angelina Jolie）是美國著名影星。她因為先天帶有遺傳性乳癌和卵巢癌致病基因突變（稱為BRCA基因和DNA修補有關），在三十七歲的時候就接受雙乳房切除術和接下來的兩邊卵巢切除，來降低未來得到癌症風險。因為她的媽媽、外婆還有阿姨們，大多不幸死於乳房或卵巢惡性腫瘤。這對處在演藝生涯巔峰的裘莉來說，是一個巨大無情的打擊，其帶來的心靈痛苦不言而喻。

當然，她可以選擇逃避不去面對、討論這些心靈創傷，但是她發現這一點用也沒有，反而會讓人更不快樂。因此，勇敢的裘莉選擇善加利用她的不幸遭遇來提醒其他人，她對人世間苦難的看法並鼓勵無數年輕人。

她曾說過一句感人的話：「當你在沮喪和抱怨的時候，你是否已忘了，你已經比很多人幸運和幸福得多了？」裘莉親身探訪難民營，盡全力幫助別人，因此獲得更深層的快樂，她的人生也更加多彩，因為「沒有坎坷的人生乃平淡之人生」（英國諺語）。

2. 心靈痛苦的經驗能產生真正的智慧

西方主要的宗教有個說法：「痛苦是上帝的旨意，讓世間人可以因為克服它而得到快樂。」要知道，快樂和痛苦是相對的，若非如此，完全沒有痛苦的人生，也就沒情緒起伏，也就沒有所謂的快樂與否。佛教則認為，困苦是生活的一部分也是一種人生體驗，心靈痛苦的經驗能產生真正的智慧。

一般人只看到表面上的心靈苦楚和我們所必須付出的代價，而沒有看到更深層的智慧啟發，其實災難、坎坷、遺憾、失去都是活生生的佛法！

因為痛苦，反而更能激發我們的意志力，不斷往前進；同時，讓我們更懂得感恩，釋懷，增長慈悲心，更有同理心和包容心，這就是佛法中常說的「逆增上緣」，是隱藏在心靈痛苦裡的恩典和智慧。想要用正面思考，去顯現此恩典和智慧，就必須先了解心理對痛苦的反應。

3. 對痛苦的病識感和出離心

超越痛苦的第一步就是對災難、逆境、意外事件的到來，坦然以對。再難的問題，只要你將問題寫下，就已經解決了一半！只有去面對，才有改變的機會。面對，不但需要勇氣，更需要認知的彈性和正面的思考，才能以冷靜的心去審視問題，並採取因應策略。

心理學上有兩種基本策略可用來減除心靈痛苦。第一種是認知上的策略——解釋痛苦的原因和賦予痛苦意義，包括獲得病識感和將痛苦合理化。第二種是情緒管理策略——試圖降低恐懼、焦慮、憤怒等負面情緒。這兩種策略相輔相成，缺一不可。

精神醫學上的一個重要結論是病人的預後，有一大部分取決於病程中對自己疾病本身的病識感。若病人還有些現實感，知道自己認知、情緒和行為不正常，而去尋求醫療上的協助，積極治療，他們的預後就比其他缺乏病識感，脫離現實活在自己妄想和幻想世界的人好很多。

病識感也可以理解成「出離心」（Renunciation），是指能感知煩惱等負面思考，和對自己的憂、悲、惱、苦的充分體認，並主動產生厭惡感。因此要從痛苦中出離，就是不再遵守負面思考和受到錯誤行為的控制。

4. 痛苦是上天隱藏的恩典

人類對痛苦的另一個反應，就是如何將之意義化和合理化（也包括解釋痛苦的原因）。這也幾乎是所有宗教處理精神痛苦的基本原則。合理化並非忽略或直接去解決痛苦，而是有了這個過程，才讓我們開始有機會去處理它。否則，痛苦綁架了我們的思考，會令我們動彈不得。

合理化甚至神聖化的痛苦，能將負面情緒轉換成正面積極力量。尼采認為生活在世間，注定要痛苦，但是我們活著，就是要去找到痛苦的意義。若任何人知道為何而活，就可以忍受各式各樣生命帶給我們的苦楚。沒有意義的痛苦，是令人難以接受的，容易把一個人的身心徹底擊垮。尼采認為，痛苦是世界上所有價值的來源，它可以試驗一個人真實的價值，就像上帝一樣神聖。

奧地利心理學家維克多・法蘭可（Viktor Frankl）所提出的「意義治療理論」，和尼采的想法如出一轍。兩人都認為，在極度苦難之時，或悲劇降臨之際，若能追求生命意義，並創造出合理的解答，我們不但可以因此生存下去，痛苦也讓我們更堅強。

另外，聖經裡有一句鼓舞了無數人的名言：「我想，現在的苦楚若比起將來要顯於我們的榮耀就不足介意了。」（《新標點和合本》羅8：18）只要我們面對、忍受和繼續處理現在的痛苦，總有一天，這些痛苦終將被榮耀所贖回。

上帝用這句話來考驗和鼓勵我們，更深層的意思是，失敗挫折是每天的例行事，重點不是你會不會失敗，而是知道如何失敗並從痛苦中記取教訓，如此會增加個人的成長，並以學習到的技巧和信心，來克服接踵而來的失敗。這也是成功還有榮耀會到來的原因。所以，痛苦是上天的禮物，是隱藏的恩典。這一點和佛教裡面所講的「逆增上緣」類似。

5. 生命的奇蹟讓所有苦痛微不足道

如果一個人對如何合理化痛苦還沒有深刻體會，也沒有關係。諾貝爾文學獎得主高行健說：「生命本來就是個奇蹟，不可以言說，活著便是這奇蹟的顯現。一個有知覺的肉體能感受到生命的痛苦與歡欣不就夠了？還尋求什麼？」沒錯！人的存在絕對是一場極為罕見的意外，更是一個驚喜！所有微妙物理法則中的常數，必須調整到非常精確適當的數值，我們的宇宙和地球的生命才得以產生和運作。

依物理學家李．斯莫林（Lee Smolin）在《宇宙的生命》（The Life of the Cosmos）這本書中的估計，宇宙中存在生命的機會大約只有十的二十九次方之一（1/100,000,000,000,000,000,000,000,000,000）。

對此，可以想像出兩種解釋，其一是有一個無所不在、無所不能的神，精心設計了科學法則和微調各種常數值，創造了宇宙和生命。另一種解釋是多重宇宙，我們存在的宇宙只是無限多個宇宙的其中之一，所以儘管機率再小，總是會有一個宇宙在機率上恰好使用這些和生命產生可以相容的常數。

所以說，不管今天有誰如何對待你，不管有什麼不愉快經驗或遭遇到困難的問題，你還是你自己，擁有健康和微笑。在無限的宇宙中，我們偶然存在這顆孤獨的地球上，能活著而深切體會到心理的痛苦，這真是一個謎，也是一個極罕見的機會。超越痛苦的歷程隱藏著恩典和智慧，免除心靈的苦厄是每個人的希望所求，至於怎麼去做，這就需要處心靈處方箋了。

10

不同的人有不同的解決之道

每個人似乎都有解決心靈苦楚之道，
除了那些深陷在痛苦之中的人。
對於後者，
他們也都在尋找滅除心靈痛苦之道，
卻發現沒有路標也找不著。

1. 解決痛苦的方式因人而異

大部分人在不知不覺中，會自動調整心態和行為，嘗試驅散自己日常生活中的不愉快，例如去看電影、與摯友聊天，逛街購物，從事藝文活動，郊外踏青，度假，以及小酌一番。這雖然有點功效，但總不能持久，因為負面情緒並不會因此消失。不久之後，落寞、焦慮、擔憂又漸漸地聚攏了。這是因為存在記憶中的愁緒和潛意識中細微而無法察覺的無明，繼續浮出意識表層，提供無窮無盡的苦惱源。

而且，對於影響到生活、工作、學業和人際關係的高強度痛苦，上述方法就相形見絀了。還有人用錯了方法，嘗試用煩惱去解決另外一個煩惱，用一個錯誤認知去取代下一個錯誤認知，用憤怒去撲滅之前的憤怒。因此墜入深淵，被心靈痛苦所俘虜，想要超越痛苦也成了一種奢求。

以下是我們常用來減低急性或慢性的心理痛苦的方式，例如：

一、西方宗教的信仰和禱告。二、地方色彩濃厚的風俗信仰，和其附加以獻祭及世俗利益為主的宗教活動。三、佛教強調的智慧，例如無我觀。四、現代臨床心理學行為治療。五、培養利他主義的行為（如慈善事業）。六、轉移注意力或苦行探道。七、承認痛苦是自然演化上無可避免的（類似自然主義者的觀點）。八、使用高科技重新塑造我們對痛苦的敏感性。

這些方式沒有優劣之分，好壞之別。每個人都有自己的潛能和天分，去接受、適應和受益於某種方式。對於同樣的疾病，針對不同病人的特質（例如基因體的差異），處方箋也不盡相同，雖然治癒疾病的目的一致。同樣地，每個人的人格特質和所處的困境都不盡相同，超越痛苦的方式也會不一樣，這也類似所謂的「個人化醫療」（Personalized Medicine）。

2. 透過宗教找到心靈依傍

有神論的宗教雖然無法解釋自然和實相，但信仰仍能讓生活在痛苦中的人有所慰藉，找到心靈的依傍。

從祈福保平安到靈性的提升，宗教以相同的信仰、儀式、行為和語言，引發集體情緒，讓個人從大環境中得到平和、慰藉、鼓勵、希望、力量和快樂。比方輕撫、聚餐、讚頌、歌唱等各種儀式，可以減緩親人死亡所帶來的分離焦慮。對有信仰的人來說，宗教是強大的心理緩衝機制，正如達賴喇嘛所說：「是否接受宗教或何種信仰，取決於個人。但是一旦你遵循它，那麼你應該認真，虔誠。」

基督徒最關心的，莫過於有沒有人了解並認同他們心中的苦楚和處境，他們明白上帝並沒有義務應許信仰祂的人會免除痛苦，卻永遠應許與受苦難的信徒同在；因此上帝正好扮演這個角色，默默陪伴受苦中的人及參與他們的苦，讓他們得到慰藉和鼓勵。

在基督教裡，上帝並沒有要求我們回答苦難為什麼會找上我，其實祂也不這樣做，因為解釋受苦的原因於事無補，惟有同在、體會和認同才能使憂悲苦惱之人得著安慰。「耶穌我靈所至愛，容我投身你懷中，因為風暴襲擊我，因為波濤漫我身，讓我躲藏在你懷裡，直到生命風暴過去」，如果這適合你，那就是你解除痛苦的處方箋之一了。

3. 生活在哪裡，就面對哪裡的問題

佛教在中國魏晉南北朝時能受到王公貴族以及廣大庶民的喜愛，原因之一就是當時天災人禍引發了人世間苦難。對無神論的佛教徒來說，他們最關心的是，如何在困苦世間去修行體驗所處的「無常」、「無我」世界，從因緣束縛的俗世得到解脫。無論身在何處，都是練習修行的地方，就像六祖惠能大師所說：「佛法在世間，不離世間覺。」

佛教和其他有神論的宗教有一個共同功能，就是當我們在無能為力之際仍有事（心理功課）可做，那就是管理我們的情緒。因為這是生存所必需的，像是轉移對痛苦的注意力，就是方案之一。

叔本華以藝術當作痛苦的避風港，將心靈寄託於藝術，超脫世俗物質。華裔藝術家徐冰說：「你生活在哪裡，就面對哪裡的問題，有問題就有藝術，你的處境和問題，其實就是藝術創作的泉源。」透過藝術，稀釋了困境帶來的心理創傷，想想，多少文學和藝術的偉大傑作，皆是從精神苦楚得來的靈感。

4. 運用科技解除心靈苦惱

科學家未來可以採用基因編輯（Gene Editing）的方式，從受精卵中剔除導致精神痛苦的基因組，基因改造的新人類就有可能一生避免心理上的痛苦。這是可能的，因為技術上已經沒有問題。

二〇一八年，在爭議聲中，已有科學家用基因編輯的方式，將人類受精卵中CCR5基因刪除，並順利生出一對雙胞胎。CCR5基因所產生的蛋白質不僅和愛滋病毒進入人體淋巴球有關，對於腦部的認知功能也有影響。CCR5剔除後的基因改造小鼠，明顯比對照組有更強的記憶力和學習能力（希望此對雙胞胎也是如此，而沒有其他副作用）。

或許，我們將死亡不久的人腦暫時保存起來，直到有一天我們知道怎麼把冰凍的腦恢復到正常的功能，然後再將腦中所儲存的資料上傳到超級（量子）電腦或雲端（Cloud Storage），希望雲端上的「腦」可以模擬人類的意識甚至思考，這位「腦主」的精神狀態、記憶及認知功能可以延續，甚至也許可以修改其程式，令其到達快樂境界（但必須持續供電才行）。

例如這位「已故」的K老闆喜歡回去小時候天真無邪的心境，L老董喜歡以前每個星期日打座時的感覺，C主任則只要求享受「過著」平靜安逸的生活。在很長遠的未來，這些「遺囑」都可以經由修改電腦程式來達到他們想要的意識狀態。

這種未來主義式的處方箋，也非天方夜譚。美國的「腦器官保存基金會」已開始贊助這方面的研究。前導計畫中，科學家已經成功利用電子顯微鏡，將老鼠一小部分的腦組織完全切片，再由影像整合，繪製立體的神經連結網路（每個神經元的詳細位置以及和其他神經元連結的式樣），這是電腦化上傳意識的首要工作。

甚至已有科技創投公司，積極從事這方面的研究，認為人類意識由物質所構成，是完全理性的，也接受了夢幻科技，用最具邏輯的方式去解構（Deconvolute）我們的謎樣大腦，完全接受了神經連結體可直接形成意識，即心識等同於大腦功能的假設。

再回到現實面。知天樂命的維吾爾人有一句諺語：「放在床上的鞋子，不知道明天還會不會再穿？」維吾爾人厚生薄葬，充分享受當下時光，可說是自然主義的實踐者。

伍迪艾倫的電影《魔幻月光》（Magic in the Moon Light）則詼諧地看待另一種自然主義：這是一部愉快又有深度的喜劇電影，男主角史坦利（Stanley）是一位有名的職業魔術師，女主角索菲（Sophie）是一名靈媒，專門為家屬朋友和已過世家人溝通（這當然不是真的）。這位魔術師被請來鑒定年輕靈媒的真偽。兩人相遇，激發出機智對話和喜劇情節。有趣的是，劇中角色史坦利（魔術師）和索菲（通靈者），以及真實世界中的伍迪艾倫（製作人兼導演），都是以製造錯覺和虛擬世界來當他們的職業。

電影中有一段對話：「生活的痛苦無以言喻，所以人總是需要某種程度的錯覺（Illusion）才能活著。我們都活在自我造成的現實，也許我們並非一直需要理性，如果有一點自然產生的錯覺，不要把它掀開，自欺欺人一下，能加強我們的存在感和生存意義，讓我們能更享受現時的快樂，這有什麼不好呢？」

就像劇中主角史坦利在月下舉杯和眾人齊歡時所說：「那就讓我們的身體告訴我們發生什麼事好了，只要照著生活的軌跡前進，和享受當下生命能帶給我們的，就足夠了！」

李白說：「浮生若夢，為歡幾何？」。莊子也說，「人之生也，與憂俱生……久憂不死，何苦也！」主張「安時而處順，哀樂不能入也」，也就是順天安命；對於生死，不去做無謂抵抗，如此一來，不僅哀傷不能入侵，也對快樂免疫，不再去追求感官享樂。

採用類似自然主義的方式安撫痛苦心靈的確有所助益，所需的心智投資也可能較少。可是當自然主義心態無法處理心靈苦痛，暫時的錯覺也無法再麻痺我們對痛苦的感受，這時我們就必須長期投資，用科學證據，去徹底改變認知模式和心態。

11

以智慧銳劍斬斷錯誤認知

世界上有些事情是自己可以控制的，
但絕大部分是無法掌握的，
所以能做的就是盡力隨緣。

1. 真正的幸福來自洞悉實象、利他和慈悲

佛學思想和智慧清楚指出離苦得樂的方向並提供有效的方法。對於自認生活在痛苦中的人們，這種方法，正如其他宗教或心理治療一樣，必須依靠莎士比亞的名言才能成立，那就是——這一點就得靠病人自己設法了①！

真正的幸福來自洞悉實象、利他和慈悲，但一般民眾對佛法的了解有限，不明瞭佛教的人，通常將佛教和地方道教混淆，或認為佛法流於空談，不能有效應用在此時、此地、此人。原因眾多，包括佛教傳統經典上的語言文字隔閡，和其在現代社會的傳播方式等。因此，本書關注的重點在佛學轉譯醫學上。

「轉譯」的意思是用看起來深奧的佛法解決當下實際的問題，目的是將佛法的核心價值，例如緣起法、無常觀、無我觀和慈悲心等精神以現代人較能接受的語言和方式，直接轉化成實用價值，並有系統的廣泛應用在臨床上，幫助無數自認生活在苦惱中的人。也可以用於一般民眾，預防心靈痛苦發生的機率和嚴重程度。

2. 痛苦的根源在於對實相的無知

佛法的轉譯醫學有不同方式和平台，其中之一就是以佛法為中心的內觀（正念）修行加上認知行為治療。內觀提供智慧的觀照，探究諸法實相，預防妄心狂奔和情緒脫序；而以佛法為取向的認知行為治療，可即時有效地解決當下急性的負面情緒問題，兩者相輔相成（內觀、正念和認知行為治療部分請參考附錄）。

換句話說，內觀以洞見一切煩惱的根源，因而能從中解脫，使我們不安的情緒得到慰藉，以面對生活上的起伏和挑戰。內觀以不斷「心」的練習，以智慧之盾防護無時無刻妄念的來襲，而以佛法為主的認知行為治療，則以智慧的銳劍，斬除錯誤的認知和後續行為。

西方的認知行為治療、各式各樣正念減壓課程、和佛教的傳統「內觀」修行，有類似的地方。現今正念療法，即採用了古老的佛教內觀基本修行方法。他們之間最大的不同，在於以佛法為取向的內觀修行和認知行為治療更重視心靈痛苦機轉的啟示。

佛教向來積極探討人類心的作用，並在過去幾個世紀發展出「緣起」、「無常」、「無我」三大智慧核心，來觀察我們妄念的心，暫歇我們的狂心，並且接受呈現在生命中的所有。例如，我們虛妄的心，常常面對緣起時措手不及，面對緣滅時更是無力阻擋，但是緣起緣滅是再自然不過的了，可惜一般人僅能看到當前的果，沒有洞察到之前無數的因和緣以及它們的複雜巧妙作用。

人類因為有俱生的「無明」（可以認為是演化的產物）、缺乏智慧，因而忽略了因緣法則，並以錯誤的眼光來看待這個世界，創造出妄想、分別、執著所造成的煩惱、不安和迷惘。這些對實相的無知，以及對這種無知的無知，就是佛教解釋痛苦的病理學。

佛學的轉譯醫學必須先充分認清痛苦的病理學，擁抱赤裸裸的實相，才能拾起智慧之盾與劍。要知道，這正是離苦得樂的基礎，因為在佛教的觀點中，一切現象的本質就是「苦」、「空」、「無常」與「無我」！

3. 轉譯佛法，提升認知治療成效

一般的正念或是認知行為治療，並不會特別闡明痛苦原因和挖掘生命真相，轉譯佛法的重點，和它們之間最大的差異就在深度了解和相信因緣法（緣起法）。因為有因緣法，訓練有素的心在順境時，不會得意忘形，會更謙卑更努力；在逆境時，就不會怨天尤人，會懺悔和避免同樣的錯誤。舉例來說，認知行為治療在處理焦慮症時，通常會盡可能的找到引發焦慮的特定事項和情境——例如病人的焦慮來自明天有個重要的面試，在經過分析後，可以得到的結論就是因為太重視這項職位，好像沒有去這家公司當經理是人生最大的遺憾，但是事實上並非如此，這只是因為自己還沒有看到其他的機會而已。

如果在心理治療中加入佛法，就會理解，職位的取得決定於各種因緣條件的成熟，世界上的事情有些是我可以控制的，但絕大部分是我無法掌握或影響的，所以能做的就是「盡力隨緣」。

4. 真實法則一直拆穿認知假象

要離苦得樂，首先要認識緣起的定律，也必須擺脫一個狹隘觀念——「我是獨立自存的個體，和外在界線分明，並且一直連續存在的生物體。」世界上幾乎每個人一直不斷地用「無明」創造巨大幻象，自我才得以依靠，存在感才得以顯現，人種才得以生存。「無明」是這麼自然、無所不在卻又不容易感知，如同魚最難發現水的存在。

簡單地說，「無明」來自我們無法明暸自然的實相，認為自己和自己所擁有的，是真實、與生俱來且不會變的。我們無時無刻不在描繪自己認為的世界和創造虛擬的妄想，所以世界上幾乎每個人，都侷限在自我創造的生命「真實」裡，我們感覺到的，無非來自感覺器官所傳遞的訊息，經過五蘊運作合成的暫時錯覺，如此而已。

要知道，我們經驗到的現實，只是實相的一小部分，熱力學第二定律產生因緣生滅，導致無常，但自我卻以為恆常。生活的本質是苦，因為我們的認知嚴重違反了真實法則，而真實法則一直在拆穿我們認知的假象，我們內心卻又抗拒承認外界的實相，這就是佛教所提出的痛苦病理學。

所以佛教的內觀和以佛法為主的認知行為治療，便是以了解上述痛苦的病理學為基礎，教導我們觀察當下身與心的無常，以及存在現象的生與滅，進而對它不再有貪愛。

5. 遠離執著，與快樂的距離就接近於零

因緣法的積極性就是活在當下，把握和儲備更多更好的因緣，為以後更好的果做準備。佛教的正念（在此名為「內觀」，以便和一般的正念學習有所區別），透過四念處（是南傳佛教基本的修行理念，以「身，受、心，法」為所緣正念的對象）安靜地觀察我們身體（身）、感受（受）、心理狀態（心）、還有外界事物現象的種種（法），不帶預設立場去重新認識這些。

「觀身不淨」、「觀受皆苦」、「觀心無常」、「觀法無我」，內觀使我們理解這些外在和內心現象都只是短暫虛相，因此就不會貪戀色欲，執著感官的享受，也能知道我們的心態認知隨時在改變，知道世界上所有的現象都不是本來就這樣，如此就能斷貪愛，逐漸遠離對五蘊（色、受、想、行、識）的執著及其所產生的精神苦楚、煩惱和可能帶來的禍患。這就是智慧。

有了這層智慧，我們就不容易被外界環境和自我情緒所操縱，也就是遠離痛苦的第一步。如實知苦的人，才會引發離苦的意志力，踏上快樂之路的第一步。如何看見生命有大美？就是了悟自我幻相的本質，遠離執著，讓我們可以更接近自

然實相，如此一來，我們與快樂的距離就接近於零。

佛教的內觀和以佛法為主的認知行為治療，可以說是以「因緣法」延伸的「無我觀」和「無常觀」為基礎。這是佛學轉譯醫學中最重要的第一個處方箋，也是最有效，但也是最不容易達到的。其他的處方箋還包括盡力隨緣、無所執著、對「愛」本身的新看法、彈性認知、幽默感和主動施捨，再加上預防性處方箋。我在本書第十二章到第十六章給予具體化和實用化的描述，並加入現代心理學的建議。

亨利・梭羅曾說：「正如足下一印不成徑，心中一念亦不成思路。為深鑿足徑，吾人需反覆行走。為深鑿思路，欲使何種心念主導人生，吾人必將其一思再思。」這些處方箋可提供有效的心念，經過不斷的深鑿和實踐，期待那些自認生活在痛苦中的人，能從痛苦的情緒中免疫，使工作更有效率，生活更加舒暢，生命更有意義，這也就是佛法轉譯醫學的最終目的。

① 出自莎翁作品《馬克白》中的一段對話，原文為 Therein the patient must minister to himself. 發動政變殺戮無數而取得王位的馬克白，召來了醫生治療王后因良心不安產生的夢遊症狀，馬克白堅信最好的藥物可以醫治她的悲哀和恐懼，但是醫生卻對他說王后的病症並非藥物所能治療，因為煩惱皆由心生，當由心滅。

12

消解煩惱的處方箋

運用後設認知，
去思考我們的思考、
觀察我們的觀察、
感覺我們的感覺，
才能真正看清我們的情緒與認知，
真正的「離苦」。

1. 處方箋有效與否取決於個人

作家袁瓊瓊說「命運卻喜歡無能的人。」既然人類的痛苦（自私人性、非理性思考等）有一大部分是演化給予我們的，看起來好像很難有真正解決之道，那我們心甘情願就這樣了嗎？因此人們便將自身的不幸歸咎於命運，眾所皆知，這是完全幫不上忙的。但是有能力的人卻會去做兩件事，嘗試接受現代精神療癒包括藥物和各種心理治療（請參考附錄），和主動來理解造成心靈痛苦的原因，有其科學上的必然性，如此或許可以改變思考，真正的離苦。

接下來，我從病理學的角度開出幾道處方箋提供給自認為生活在痛苦中的人「離苦得樂」的方向。

然而，就像拿到醫生處方箋並不會產生藥效，要看實際「服用」和每個人的身體狀況，因此這些心靈快樂處方箋有沒有效，端看你是否願意試著正視並改變自我內心。

大家都知道，每個人都有自己的習慣和想法，但是我們總是很想去改變別人來符合我們的期待，最後才發現這是不太可能的。改變不了別人就試著改變自己吧！只不過，改變自己跟改變別人一樣困難。

有一則笑話是，有個英國作家出版了一本書《如何在兩星期內，改變我太太？》不可置信地是，這本書在短短一個月預售期間，就上了暢銷書排行榜的前幾名。後來發現原來是書名打錯了，作者寫的原來書名是《如何在兩星期內，改變我人生？》（How to change my life in two weeks?），life（人生）被誤印成 wife（太太）。但修正封面之後，銷售量劇跌。

2. 用旁觀者的角度來觀察自己

處方箋真的有效嗎？我想這是大多數人的疑問。

處方有效與否的關鍵在於自己願不願意去臨床實踐，應用於生活，有無信心認定痛苦是可以改變的。改變自己是挑戰性極大的工程，只有持續地、反覆地提醒自己，經由內心的練習和行為修正，才會慢慢整合到你的大腦神經網路系統，讓改變不僅僅停留在記憶層，而是深植於心（潛意識），成為直覺、自然地情緒和行為反應。

所有事情在變得容易之前，其實都很困難！困難的原因是我們必須跳脫出傳統的俗世思考模式。美國認知科學家馬文．敏斯基（Marvin Minsky）說：「大腦的主要功能之一就是在改變大腦的思考。」這些心理改造工程，都需要用旁觀者的角度來觀察我們自己「認知機器」的運作，去思考我們的思考，去觀察我們的觀察，去感覺我們的感覺。簡單來講，就是用後設認知來看清我們自己是否有無錯誤的認知、情緒和觀念。

3. 例如憤怒情緒是可以管理的

神經科學和實驗心理學的研究顯示我們有能力改變我們部分的心態，例如嚴格控管負面情緒產生的頻率和強度。這也是一個人快樂和成功的基本條件。在這過程中，後設認知扮演了很重要的角色。

舉個例子來說，當憤怒情緒升起之後，就必須覺知到此憤怒的虛幻本質和可塑性。「生氣」是因為我腦中有一塊稱為杏仁核的部位和相關的神經網路過度活躍，還好我大腦的前額葉有一個功能，就是能即時控制心理衝動例如憤怒。一旦認知到這點，我們就有機會練習在憤怒還沒燃燒我們之前，以訓練有素的「心」撲滅，如此一來，也不會把憤怒的火球投向別人。

同樣地，當別人的憤怒火球丟向我們之際，不要用雙手接下，而是要將它擋掉，讓它掉落到地上，這團火球很快就會自然而然熄滅了。

重要的是，如果無法即時滅掉心中的一把火，在生氣之時就必須謹言慎行，別在生氣的時候做決定，不要馬上回電子郵件和簡訊，因為個人暫時的憤怒，經由社群網站，不但有很高的傳染力，而且暴露了自己的愚蠢（來不及刪除了）！

要知道，情緒是種動態心理認知過程，非絕對的，當然也是虛幻的。大多數的情緒，半衰期是非常短暫的，悲喜流轉，來的快去的也快，也許散個步睡個覺，這樣特別的情緒不知不覺間就消失了。以佛教的五蘊（色、受、想、行、識）來看，情緒就是其中的「想」蘊，因此和佛陀教導我們「五蘊不實」是一樣的。

4. 大腦的可塑性是處方簽有效的原因

越來越多醫學和心理學研究都已證實，我們可以透過自力影響自己的心理和生理狀態，而心理和生理也會互相影響。最有名的例子就是安慰劑效應（Placebo Effects），安慰劑通常是藥物臨床試驗中當作對照組的假藥物，它的外觀和真正實驗藥物無法區分，唯一不同的只是它沒有藥物成分，但病人不會知道所服用的到底是實驗藥或安慰劑。

結果非常有趣的是，很多實驗都證明，安慰劑的效果不見得比真的實驗藥差，尤其對疼痛方面的症狀。腦部影像掃描也發現，服用安慰劑的病人大腦，其變化的型態和程度在某種程度上類似實驗藥的效用。

其他心理影響生理的例子不勝枚舉。自認失眠，擔心睡不著，其實比真正睡得少，對於身體的傷害來得更大，會增加罹患高血壓、糖尿病、和其他代謝型疾病群的風險。不只如此，更重要的影響就是，心態會決定身體和心理的老化速度。這個研究主題從一九八〇年代以來，就是實驗心理學關心的主軸之一。

許多研究發現，對於自然老化過程不在意（即順天命）的人、或是自認年輕、常在年輕化生活環境中的人，比起那些對老化感到悲觀或擔心自己即將老去的人，壽命顯著延長，而且生理上的老化速度，和同年齡比較，都有較佳的表現。

心靈處方箋真的要有療效須要經常與人互動，走入人群，從中檢視自己的想法和言行舉止是否符和處方的內容（於下章節敘述），若離群索居就只能想像，不會從與人實際互動中得到回饋，看不到自己有無進步，甚至偏離處方的精神。

13

處方箋之一：運用因緣法超越生與滅

無論任何心境，何時何地，
只要常常對自己說：
把無常當成正常（或如常），
我們的心也就安然地接納無常。

1. 不執著於生滅，才能遠離精神苦楚

降低心理苦楚最基本的處方箋就是充分了解因緣法了。生活上的埋怨，負面的情緒和生理上不適，都可歸咎是忽略因緣法。若能修正那些錯誤的想法和心態，就有可能去改變我們的認知和行為，遠離負面的情緒和其所帶來的精神上或是生理上的痛苦。

其實因緣法和其延伸的義理在佛教的人生課程中，一直是修行者所必修的學程，「三解脫門」就是以因緣法的空性為基礎，來凝視心靈苦楚的面貌和提出離苦得樂之道①。

因緣所顯現的表象就是有生有滅，然而生滅現象正是我們最容易執著的對象：對於即將來臨的美好，萬般期待，也對正在逝去的青春和幸福感到不安和惋惜，這樣的心態是我們精神痛苦的來源；外在現象的生滅到個人心念的生滅，主宰了我們情緒的轉換，種下心靈痛苦的種子。

從生滅原則發展出的生與死，來與去，消失與重現，得到與失去這些二分法的概念，不斷地分解我們祥和的心，困擾我們的生活。正如《無量義經》序中所言：

「流轉起滅者。必在苦而希樂。」

這些所謂的生滅現象若從絕對真實的層面來看，其實「無生也無滅」。生滅的本身就像其他會生滅的事物一樣，當然也是無自己的本性，是因緣和合的暫時假相。就如同從物理角度所看到的，只是分子與分子不斷的結合、轉換、分離，例如杯子裡的冰塊融化成水，冰塊消失了，但這也只是冰塊的水分子從固態變成液態，水分子並沒有不見。在特定物理條件下（氣溫降至零度以下），水也會「消失」結成「冰」。

對水分子本身來說，不論是冰還是水，都是不生不滅的。冰或水現象上的生滅是依據物理條件的改變而被我們觀察到，而不是真的生、真的滅。

由此來看，萬物的生滅都是由無數的因和緣互相作用，在不同時空中，一時之間的排列組合而成。只不過，我們給這些因緣和合的事物名相，並且在我們認知上產生了「生滅心」。上述的「性相空寂，本不生滅」的觀念有點抽象，但只要能練習「不執著於生，也不固執滅」，超越生與滅的心態的中道、空性，就能獲得遠離精神苦楚的基本處方。

2. 既古典又現代的「無我觀」

艾度．修寧（Edo Shonin）是英國諾丁漢川特大學正念中心研究主任，是國際公認的正念練習和研究的權威學者。他在二〇一三年和其他學者提出一種新的學說「Ontology Addiction Theory」（OAT），直譯字面意思是「本體成癮理論」。本體成癮理論是一種新穎的精神病理學，在這裡的定義是人不願意放棄對「自我」或「我」是本體的信仰，並因錯誤認知導致對自我成癮，以及認知功能受損，甚至誘發精神疾病的產生。

OAT的理論基礎源於佛教哲學觀點，所以OAT也許可視為佛教「轉譯醫學」的臨床實踐分支。佛學和OAT的觀點都認為，所有負面情緒，如貪欲、憤怒和執著，都來自認為存在有一個獨立的「我」（一個虛假觀點）。OAT認為人因為對「空性」的實相產生誤解，造成認知障礙和精神靈性的枯竭，進而導致在人群中適應不良，引發心靈苦楚。

OAT學者提出的治療原則，也類似佛教「無我觀」的內觀修行：改變錯誤的本體實存觀念，進而改變以「自我」為重心的行為。兩者皆強調我們的色身、心念、還有外界的「世俗真實」只是一種幻相。以「社交恐懼症」為例，不同於典型的認知行為治療（詳見附錄），以佛法為基礎的認知行為治療，會強調去清楚察覺現象背後的因緣法。現在的「我」只是因緣暫時的和合，然而因緣隨時在變化之中，所以沒有真正的我。參加社交的眾生也是一樣，只是世俗的假名。

既然自己是虛妄的，那由自己內心產生的負面感覺，更是建立在虛妄上的虛妄！以這種簡單的無我觀，來破除不合理的社交恐懼認知，就有可能改變個人在社交時的退縮行為。一旦我執的強度降低，就不會特別在乎自己在別人眼中的看法，也不會刻意去強調自身的弱點，例如缺少自信心，人際關係魅力等。

日常練習：「無我」

我們會在意自己的臉書上被按了幾次讚，這種無關生存的心理期待會時常綁架我們的情緒，造成我們心理痛苦的來源。

人都是如此，得到別人肯定時，會心生歡喜，而別人的否定則會帶來世界末日。這種簡化的回饋，在潛意識裡形成我們存在的公式。

這裡需要「無我」的智慧。許多人會在意為什麼別人會否定自己，但因為我們無法控制別人的想法，因此很自然地執著別人對自己的反應（因而去揣測原因、改變自己）但這只會增加自己的心靈痛苦。若你能思考分析為什麼自己會因為按讚數多寡而歡喜或煩惱，並透過「無我」的練習，就有機會來消除這種情緒。

要練習「無我」，方式之一就是經由內觀靜思或是群體談話治療等方式來說服自己。經由內觀靜坐，可以仔細地觀察自己的情緒反應來源（為什麼只被按兩個讚），從微觀造成我們認知的五蘊（色、受、想、行、識）開始，並分析從生物上的感知到造成心理感受和情緒（例如憤恨、貪婪、失望、焦慮等）的過程，領悟五蘊非我，這就是遠離自我執著的重要一步。

減少我執，就會突然輕鬆多了，因為「無我」，所以也不在乎別人對「我」的肯定與否！

3. 潛意識將無常偷偷轉換成有常

雖然我們都知道世事無常，但是由於心理上的「自我欺騙」機制，潛意識將無常偷偷轉換成有常，像是人的潛意識會認為自我、親情、愛情、友情都是長久不變的。

從心理學角度來說，「有常觀」是我們對世間事物現象不斷改變的「故意無知」，也就是說這種短視和錯誤的認知，起因於我們的心一直在抵抗會改變的事實，抗拒不確定感。雖然絕大部分人都明白世間萬物無常的本質，所以常說「人生無常」、「世事無常」、「唯一不變的就是瞬息萬變」，但是若只有看到表層的這份無常感，很容易忘記其背後更深底蘊的因緣法。

如前所述，佛教內觀的對象和方法多樣中，正念「無常」就是常用的方法，即安靜觀察我們的心、色身和宇宙萬物，都是忠實地依據科學定律隨時在變動著（生、住、異、滅，不斷重複）。觀照「無常」的內觀修行是邁向解脫痛苦的第一課，「觀察無常，體會無常，認為一切現象是無常，包括生理現象、心理現象、社會現象、宇宙自然現象都是無常」。這也是聖嚴法師所提倡的心靈環保之一。其實無常也隱藏著樂觀態度，雖然花好月圓、榮華富貴是無常，所有的病痛厄運、潦倒落魄也是無常。

4. 把無常當正常

經過四十九年對眾生的諄諄善誘後，佛陀在臨終之前，以虛弱疲憊的色身，對圍繞他的弟子再次做最後兩個叮嚀，一個是行為上的告誡，即摒棄享樂主義，因為無節制對快感的追求，和自身的解脫和快樂之道，背道而馳。

佛陀的最後一個告誡，就是再次提醒「無常」的觀念。「一切萬物，無常存者；一切世間動不動法，皆是敗壞不安之相……是我最後之所教誨。」

無常在生活中的顯現就是不確定性。所有事情在確定之前，都是不確定的，即使暫時確定了，也隨即改變。阿姜查（Ajahn Chah）是近代泰國最有影響力的心靈導師，他教導「一切都是不確定的，這是唯一肯定的事」。伏爾泰也有相同的領悟：「不確定會帶來不適，但是完全確定，卻是世界上最荒謬的。」因為若凡事確定，整個日常作業系統即為僵化，就不須新的嘗試和挑戰，也沒有更多的選擇和創新，更沒有所謂的驚喜和意外。事實上，沒有人知道接下來真的會發生什麼事；但是也因為如此，未來充滿各種的可能。另外一個好消息就是，耶魯大學最近的研究報告指出在面對無法預測、不確定的情況下，猴子大腦前額葉與學習相關的區域會活化，也會自動增加學習能力，人也很可能是如此。所以這也是無常帶來的一件好事，讓我們學習能力更強，知識更豐富。

「一切都是不確定的！」與其說是對我們妄想心的當頭棒喝，不如說是對於我們愚癡的一句提醒。無論任何心境，何時何地，只要常常對自己說這句話，把無常當成正常（或如常），我們的心也就安然地接納無常。因為沒有了期待，反而給自己更多的彈性和空間，去面對不同結果的到來。了解一切皆無常，就能釋懷淡然，就是因為有無常，顯現出當下珍貴的人生。能深刻體悟並做到這點，就可以為自己與他人建造安全的痛苦防火牆。

所以，我們可以在日常生活中不管有無困難之際，像是在睡前或中午一天兩次做「觀照無常」的練習，不久就會發現這也像運動，良好飲食習慣一樣，也是健康的生活型態之一。

日常練習：「關照無常」

如果你常常抱怨事不如己意，計畫趕不上變化，對世事變遷有深深感慨，那麼你就大概忘了無常的存在！以前的海誓山盟已成過眼雲煙，一年前就計畫好要去秘魯的旅行因為當地八級地震而取消，三樓的先生硬朗的身體怎麼一下子得了心肌梗塞住進加護病房。身旁有太多的例子都是在提醒我們，無常是再自然不過的了。

我們可以做如下簡單但有科學依據的檢視。依照熱動力學第二定律，亂度不可避免的增加會不斷創造新的因和緣（因為物理條件隨著時間改變），新的因緣取代舊的的因緣，因此不斷製造出新的果（事物和現象），這是不可逆的。

如果你還是不喜歡無常，那就必須去否定熱動力學第二定律，並希望因緣法不會成立，果真如此，宇宙不會誕生，物質不覆存在，當然也沒有任何生命的可能，你也不會在這裡看這本書。

5. 兩種世界觀、兩種心態

如果覺得前面的「無我」、「無常」很難做到，沒關係！我們可以把它們當成長遠終極的努力目標，先把基礎能力練起來！練習果徹法師提倡，困難度沒那麼高的「隨緣盡力、無所執著」。但是這兩句話若只停留在記誦層次，效果有限，我們必須徹悟這兩句話背後的意義和科學的根據，不斷地去質疑它，直到自己完全相信這兩句話的內容，才會有療效。

前面討論過，我們存在的世界是由不同層次的現實面所構成，可以廣義的分成「世俗上的真實」和「勝義（超越世俗）的真實」。世俗的真實面是屬於入世的，而勝義真實則有出世的情懷。世俗真實讓我們能夠生活在約定成俗的世界，日常生活和工作得以運作。世俗上的我，以五蘊（身體、感官體驗、感知分別、意志行為和整體意識）來顯示。但一有了五蘊，苦惱、擔憂、欲望會不斷地伴隨我們。

相對地，「超越世俗的真實」是指究竟的真實，在佛教經典常稱為「勝義」真實，是遵照物理實相法則的緣起、無常、和無我。了解勝義真實，可以讓我們跳脫世俗真實，看到自身真正處境，發現所謂好壞、高低、有無、生滅等相對的概念，都是相對而不是絕對，執著於它們是很愚蠢的事情！

也許有人會問，這兩種真實世界，到底那一種比較「真實」？答案就像我們描述光的物理性質，可以是波動也可以是光粒子。兩種特性可同時存也同樣真實，只是觀察的方法不一樣，得到的現象也不同。同樣的「世俗」或「勝義」上的真實就端賴我們是以入世或出世的眼光去看待我們的世界。

但在現代社會，除了圓滿成就的修行者外，我們事實上很難生活在出世的勝義真實裡面。那如何在兩種真實間白處而不會混淆？答案正如果徹法師說的：「在世俗層面上，我們要做的就是隨緣盡力。」盡力的先決條件就是證嚴法師說的：「要盡心，不要操心和擔心。」盡心盡力就是最好的人生態度，也是積極在製造好的緣，為以後「順境」的果做準備。有人說成功要靠運氣，但事實證明，對絕大多數的人來說只有拚盡全力，才能創造機會；沒有竭盡所能，就別抱怨命運不公。

6. 全力以赴但是要隨緣不執著

「隨緣盡力」的實際作法就是在因緣流轉的世間，選擇自己認為最重要的事情全力以赴。

正如美國前總統歐巴馬所說：「你不可能實際計畫你的未來，你能做的就是去發現你現在最想要做的事——你真正關心的是什麼，然後就去做。」「隨緣」在「隨緣盡力」這句話中非常重要，因為全力以赴之後，可能會如期所願，但是更多情況並非如此，因為眾多緣起互相交錯作用，我們是無法預知結果的。這時，就要隨緣，對於一個挫折或難題，要去面對它、接受它、處理它。

在勝義出世的絕對真實層面上，我們要做的就是「無所執著」。雖然我們全心全力去扮演好我們在家庭和社會中的角色，但也必須了悟世界所有現象正依據因緣法則不斷進行和改變，因此我們無須在自己身上強化「以我為主」的觀念。實際的方式就是放下它，因為已經盡力了，不能解決它，就放下它吧！

我們的潛意識會無時無刻去找非常多的事情來讓我們執著，就像一塊磁鐵，不斷磁吸附近的具體或觀念上瑣碎事物，越是與「我」和「我所」有關的，磁吸力就越強。執著是羈絆我們優質人際關係的最大原因之一，也是造成我們心靈痛苦的重要來源。生活上，「得不到，不甘心；失去了，總惦記」就是典型的執著症狀。

《金剛經》起頭的一段經文，須菩提問世尊：「云何應住？云何降伏其心？」雖然是具有佛學研究所程度的大菩薩對如何圓滿證悟而提問，但也可以轉換成我們凡夫生活中所面對的基本問題，即我們的這顆（狂妄）心到底要怎麼樣才能頓歇？要寄居在何處呢？金剛經的答案就是「應無所住，而生其心。」也就是說我們的心，不能攀緣外在的情境，不能對外界物象，感官的享樂，及內心情感有所執著（因為這些無自性和無常）。如此我們就會生清淨自在的真心，這種具有空性和中道的真心，可以面對世間所有挑戰，不再幻想去改變外界不可捉摸的環境，也不冀求一切風平浪靜。

7.「隨緣盡力」與「無所執著」必須一起執行，才會有效

我們不能只有消極地「隨緣」而已，更重要的是要積極地去「盡力」（所以也可以倒裝成「盡力隨緣」）。越盡力，執著心念可能會增強，種下心理痛苦的種子。看起來是兩種互相矛盾的態度，卻也因此，我們需要隨時練習「無所執著」心，也就是說盡力之後不要希求任何的正向或立即回饋，唯有如此，隨緣盡力才能得到正面的效果。

有了無所執著之心，盡力後是否能達到完美，也許不是想像中那麼重要了。沒有執著，實相和真心就可以顯現（如宋代宏智正覺禪師的主張，「實相即是無相之相，真心即是無心之心。」）

這兩句話是佛教轉譯醫學的入門，在日常生活中隨時都可以用得到。但是我們必須要有策略地看情況隨時切換世俗（隨緣盡力）或勝義（無所執著）這兩種心態。有了這項心靈管理能力，就可處理日常大小問題，心無罣礙的過每一天的生活。這兩句話，深刻地將看似艱深的佛法，轉譯成每個人在日常生活上都可以用得上的處方。

①在佛學中，修習三解脫門（亦稱三摩地）是修行者離苦得樂的一種主要方式。所謂三個解脫方法就是「空」解脫門、「無相」解脫門和「無願」解脫門。空解脫門是要觀察和體驗世間所有可觀察和不可能觀察得到的現象，是依據緣起之法，是虛妄沒有自性的，即一切法自相皆空。無相解脫門是在空解脫門之後的實踐，對於任何外界現象和自己的色身（包括好的和不好的）都無所執著，即觀一切法遠離諸相。無願解脫門是說不特意追求自己特定的心願，因為一但去追求就有執著，即觀一切法遠離所願。但在世俗諦上，並不意謂不要有計劃和目標，而是要在竭盡所能之後，將結果（成功和失敗）徹底放下，雲淡風輕。

14

處方箋之二：愛的感覺新管理

當下能愛和關心就盡量去吧！
但不要付出之後太執著於
愛的本身和感覺。
當一個瀟灑的旁觀者，
對愛無所執著也無期待。
這才是健康的愛。

1. 不是愛的本質而是對它的態度困擾我們

一般心理學基本課都會介紹「人類需求層次理論」，將人類的需求分為不同等級，除了基本維持生命及安全外（第一和第二層），「愛」是人類所最需要的。

廣義的愛，是宗教家試圖引導我們去追求崇高理想的愛。博愛、愛人如己、傳播愛到世間、希望所有人能從俗世到聖潔、從罪苦到救贖、從卑微到顯耀、讓人間充滿「信、望、愛」等，這是人類存在的價值和意義。佛教的四弘誓願中的「眾生無邊誓願度」，用現代語法來說，就是立志要拯救無數的人類，要讓所有的人渡往覺悟的彼岸，一個人不可能解脫，直到所有人都解脫為止。這是無私的大愛，也是菩薩的慈悲心。

另外一種是以自我為中心的愛，自私的，本能的，無比沉重的。這種愛會時常讓人積極的追逐，包含愛我們自己、情人、子女、財富、榮譽、或地位；至於可能造成我們心理痛苦的人事物，本能地逃避。然而在擁有愛以後，我們便會造成對喜愛的人事物和感覺起了執著，有了執著後，就會處心積慮去滿足我們所愛的，這就是煩惱的起源。這種愛會帶給我們短暫的滿足和快樂，認為這就是快樂人生。直到有一天，我們深愛的人不在了，或愛已褪色質變。這種愛就會用眼淚伴隨著生命的傷痛。

我們愛家庭，財產和自我，這當然是好事，因為這種感覺是再自然不過的，也加強了人際關係和增進自我幸福，但當與我們所依附的愛與無常相結合時，即帶來痛苦。因此，我們痛苦的原因不是愛的本質，而是我們對它的態度。

因此這張處方分為兩部分。第一是減少自私的小愛，因為這正是人類精神痛苦的火種，燃燒我們色身，摧滅智慧和慈悲心。另外就是雙手去擁抱大愛，無私的愛，因為這種愛正是痛苦解脫之道。

2. 自私的愛面對無常即產生痛苦

一段剛結束的戀情不可避免地會產生刻骨銘心的苦楚。如何快速重新回到正常生活軌道？我們可以先從痛苦的病理學（包括佛學的十二因緣法和臨床心理學）來分析：

剛開始，我們會非常喜歡和以及享受和伴侶相處的時光，這就是「受」，接著產生「愛」的情感。所以說「受」是「愛」的因，「愛」是「受」的果。在神經科學上，這種對別人強烈愛的感覺，會讓我們確信這個情境，也相信對方真的是我們想像中的樣子，這稱為「心理期待」（Mental Prediction）。但是其實我們對「對方」的看法，是因我們當時自身的心理需要編織出來的，並非邏輯和科學化的深思熟慮。

只不過，這種心理期待會讓已陷在愛情之中的我們產生一種對愛的錯誤認知，這是把心理依戀（Clinging, Grasping, Attachment）誤認為真正的愛。心理依戀是，表面上是我愛你，但潛在的原始動機卻是：我愛你之後，我會從你這裡感受到快樂。依戀的愛會讓人想要握緊對方，且心理需求越高，才能感受到彼此關係中的安全感。

因為怕失去愛的感覺，所以我們會在意，對關係中的細節高度敏感，但是越執著則越害怕；而且還會認為，對對方的關注越多，就表明越關心他或她。但事實並非如此，根本的原因是我們害怕失去這種愛，擔心自己會因而受傷害。

心理依戀還會導致我們不斷去追求愛的感覺，同時對於可能失去的愛耿耿於懷，無時不擔心愛的感覺會消失。這是有條件式（Conditioned）且雙向式（因為我愛你，你也必須愛我）的愛。接下來就會處心積慮地去保有和增加「愛」的感覺。例如約下次再見面，這個動作就是「取」，因此「愛」成為「取」的因，「取」是「愛」的果，並造成計畫的完成（下次見面了），這就是「有」。

因為第二次的見面產生更強烈的情感和新的「受」，成為「愛」的進階版，如此受、愛、取、有不停循環。然而，通常這時候「無常」已悄然到來，可能雙方互相看到對方的缺點，個性不再是之前想像中的美好；可能還有其他更適合的朋友出現……，最終導致如今分離的結果。「世事難料」正是導致這種個人小愛變質的原因。

談戀愛只是受、愛、取、有造成心靈苦惱的典型，同樣的模式也可能出現在親子、工作上。佛法中所教授的「認知行為療法」和內觀則鼓勵去切斷「受」跟「愛」的連結，在感知到好的「受」時，先能覺察「感覺」原本就只是自己的解讀，是五蘊的作用，是因緣產生的暫時結果，不要理所當然的自動轉化成自私的「愛」。這種心的重建就是愛的感覺新管理，會減少許多心理痛苦也不會在無常到來時束手無策。

3. 無條件的愛不會造成痛苦

更進一步，將有條件的愛轉換成無條件、無執著的愛，也會是很有效的處方。例如說：我愛你，因為我希望你快樂。如果你也愛我，自然很好；如果不是，那也沒關係，因為我只想要你過得快樂就好。

這種愛沒有任何條件，最根本的差異是，「我」在關係中淡出了。這種無預設條件的愛，不會造成「受、愛、取、有」的循環，重點是彼此欣賞對方，而不是期望對方補償自己幸福感。同時也放棄不切實際的心理期待，因此不會加深心理上的痛苦。

如果我們將所有的想法、期待以及浪漫的幻想，投射到另一個不可能實現的對方身上，這種幻想當然很快就破滅，那時就會發現對方不是想像中的白馬王子或公主，只是像你我一樣，在現實世界掙扎有各種優缺點的普通人。笑話一則，有一位婦人在結婚四十年慶當天被問及她和老公有什麼共同之處？她想了很久之後回答說：「我們唯一的共同點就是同年同月同日結婚。」

4. 對愛無所執著也無期待

但我要強調的是，這並不代表我們不需要互相的關心。相反地，我們更要去愛，因為這是僅次於生物的本能和自身的安全，支持我們存在的第三個支柱。但是，需要關注的點在於，不要認為我們所愛的人（當然也包括子女、父母、夫妻、朋友）是一成不變的，他們不會一直停留在我們以前認識的或想像中那樣；相反地，他們的青春，健康，想法，優先順序和價值觀念是會改變的；因此我認為最好的方式就是，當下能去愛和關心就盡量去吧！但不要付出之後太執著於愛的本身和感覺。

當你不再執著失去的（已付出的）情，不再強求別人的愛，甚至期望愛的回饋（切斷「受」跟「愛」的連結）。而是盡量以客觀科學的方式，當一個瀟灑的旁觀者，去觀察你所愛和關心的人在時間流逝中的改變。這不也是一件很有趣的事情嗎？

日常練習：讓小孩當自己的舵手

對大部分的父母來說，小孩永遠放在第一位，給予最好的教養，最大的關心和不斷的督促，這就是一般父母對子女的愛。

羅伯特．普羅敏（Robert Plomin）是英國國王學院（King's College）的遺傳學家。依據他的研究，小孩未來的成就其實很大部分先天已決定，也就是說後天的影響有限。他們讀書考試的能力，藝術天分，創新冒險的精神遺傳來自父母身上各種基因變異的特殊組合。所以他的結論就是父母應伴演像經理的角色，經營和提供和教育相關的資源，協助他們找到性向發揮所長。而不是將他們當成手上的黏土按照家長的願望汲汲營營地塑造他們的人生。

真正的愛孩子，就是要幫助孩子的成長，將有條件的愛轉換成無條件的愛，如此一來，也才能從父母對孩子過度期望的壓力中解脱。

15

處方箋之三：善用正向思考解除心靈痛苦

正向認知可以直接抵消負面情緒，
並培育認知的彈性度。
因為只有維持情緒的穩定，
才有可能去面對處境。

1. 重新評估處境會發現事情變得不一樣

如果覺得前面的兩個處方箋對你而言認知改變的幅度過大，需要長久的練習再練習才能內化成離苦得樂良方，那麼不妨先試試本章提供的「正向思考」來處理內心痛苦。正向思考的練習包含一連串很實際的生活實踐，包括：「正向認知」、「接受事實」、「幽默感」和「主動施捨」等方式。運用這些方式，不需要有深厚的心理學或宗教基礎，但在你身陷痛苦，或是即將掉入苦悶情緒時，卻是非常好用的「特效藥」。

歐普拉（Winfrey Oprah）說：「人生沒有所謂的失敗，挫折只是生命要你轉個方向。」正向認知可以直接抵消負面情緒，並培育認知的彈性度。因為只有維持情緒的穩定，才有可能去面對處境。就如同你正在為完成一件即將到期但複雜困難的計畫而感到焦慮和憂心，就對自己說，「沒有人說過這會是簡單的！①」對於生活的不順遂的正面思考就是「逆境剛好可以用來淘汰其他的競爭者」！

另一個實際的例子，就像有些人說「畢業即失業」，但正向思考是，這段準備就業的時候正是人生的黃金時段。因為一個人在年輕的時候能有這難得的機會，可以深思熟慮並嘗試不同的方向，也許因此能找到自己適合、有興趣、並能發揮所學的工作內容。這比起倉促就業之後才發現這個工作實在不適合自己才能或興趣幸運地多了。

2. 接受事實正面看待眼前阻礙

正面思考的另一面，就是去接受無法改變的事實；使用正面思維來面對，並以更富有想像力的方式，解決問題，為原本困頓的生活注入積極活力。

一旦以正面思維面對，你就會發現，原先自認為天大的困擾，無法忍受的困難，像是薪資過低和股市崩盤，也不是什麼天大的悲劇。相反地，如果我們採用逃避和否認的態度，雖然可以暫緩我們負面情緒，但逃避的方式，終究會干擾到正確解決問題的能力，最終可能適得其反。

很多研究文獻都有相同的結論，紐約九一一恐怖攻擊事件後，能夠接受當下不幸遭遇的人，他們的「創傷後壓力症候群」症狀會比較少。照顧患有癌症小孩的母親，如果能接受「我的小孩不一定會治好」的事實，她們後來的憂鬱傾向就會少很多。這個結論，和臨床醫師的經驗是一致的。

3. 避免負面情緒進入延長賽

有時讓我們陷入低潮的，並不是我們對於情境的當下原始反應，而是對原始反應的反應，也就是所謂的「二度情緒」。就如女作家安娜斯寧所說，「我們都品嘗兩次所有生活經歷，一次是現在，另一次是，事過境遷之後再來回想。」因為原始反應近乎本能，很快就會過去，若人們延長原始反應，開始「越想越不對勁」，進一步產生惱怒、後悔莫及等，這些二度情緒及所帶來的傷害，則會更久更明顯。

怎麼防止二度情緒傷害？答案就是接受負面的情緒，並想像它是有用的。例如可以提醒自己重新認識原始（通常是負面的）的反應，並重新審視當時情境，將它當作「逆增上緣」的機會。如此一來，我們的痛苦程度就會降低。很多當代臨床精神醫學（例如對話行為治療）已經採取類似的概念，去治療憂鬱症和焦慮症的患者。

佛教思想中的凝視苦楚也是同樣的道理，認為只有經過了解痛苦和造成痛苦的原因，也就是四聖諦，苦、集、滅、道中的前兩諦，「苦」諦和「集」諦才能有辦法增加我們的認知彈性，不會讓負面情緒進入延長賽。

4. 將不如意的處境幽默一下吧

幽默也是另外一個有效的方式，能幫助我們在痛苦中，繼續奮戰和生存。猶太裔意義治療大師（也是大屠殺的倖存者）法蘭可在他的著作《活出意義來》中提到，幽默比其他方式更能把我們從苦難的事件中暫時抽離出來，以旁觀者的觀點去看待它。

如同其他正面的情緒一樣，幽默可以激發創造力，增加思想模式的可塑性，也會提升思考探索的能力。因為幽默感可以在我們驚慌失措的時候，提供及時的安全距離和透視，因為距離夠遠，悲劇就不會那麼讓人有感！

幽默感提供一種較輕鬆的態度，但並非逃避和否定痛苦和驚恐。它可以把正面或負面的想法和情感綁在一起，也就是說，幽默巧妙地結合「樂觀主義」和「現實主義」，來直接緩解悲劇和心靈痛苦，重新建構它的意義，調節情緒，並將其轉化和昇華，帶來解決方案。可以嘗試把抱怨當成玩笑，例如要搭的飛機嚴重誤點，大概是在抗議我這位昨天忘了洗澡的不速之客吧！如此一來，生活也就沒有想像中痛苦。如果生活中有不愉快，那就把不愉快當成是另一種方式的冷幽默自嘲一番，也許會心微笑就會即刻取代愁眉苦臉。

5. 利他是對治貪欲的特效藥

叔本華在他的《作為意志和表象的世界》中說道，人類痛苦的來源，是因為我們無法滿足自己的欲望，這欲望讓每個人都去追求己意，不滿足就痛苦，一滿足就無聊。人生如鐘擺，在痛苦和無聊之間擺動著。這和佛教的基本觀點「諸苦所因，貪欲為本」（《法華經》卷二〈譬喻品第三〉）及「多欲為苦，生死疲勞，從貪欲起；少欲無為，身心自在。」（《佛說八大人覺經》）是一致的。

而「布施」正是對治貪欲的特效藥；人們習慣擁有，對失去則充滿不安和恐懼。相對於追求、累積、獲得的「加法」人生，分享、給與、布施的「減法」人生，卻是減除痛苦，增加快樂的最佳方法。布施的內容不僅包括錢財的施捨，還包括時間付出參與志工活動、傳播知識及心理上給予需要的人安慰等。這是人類演化，尤其是演進到社會形成的一個必要特質。利他主義能有效稀釋、淡化以自我為中心的執著，也是一種社會的黏膠，增加人際間的信任和合作，並處罰那些自私的個人。

犧牲部分小我的短暫利益，以換取群體（大我）長期或更大的利益，從演化的角度來看，利他行為得到的好處包括：快樂、滿足和成就感。邱吉爾說過「因賺取獲得生計，因捨得成就生命」，這就是布施最大的報償，能夠因此體驗自己和其他人其實是沒有區別的一體，幫助別人也就幫助了自己。

不可思議的是，如果太執著於「布施」這件事以及布施的對象，或是因為施捨而想得到回饋或讚嘆，那帶來的正面積極心理效用就會大打折扣。因為這還是「有我」；雖然是在做布施，但是潛意識的思考還是自我中心，在捨得與捨不得之間衡量本身最大的利益，因而增加我執泡沫的膨脹，只是用「慈善事業」這個冠冕堂皇的理由，來增加自我而已。

最理想的狀態是：別在意施捨這件事，只要去做，如實看清它們即可。處處行善，卻能隨時隨處放下，不去惦念施捨了多少，不去刻意記住時間、地點、被施捨的人和內容。但也不要故意去忘記，因為忘記的行為不可能是故意，越提醒自己去忘記，其實越會記得。

①出自英國著名歌手馬克史密斯 Mark E. Smith 的名言，原文：No one ever said it was gonna be easy!

16

處方箋之四：預防勝於治療

芙烈達．卡蘿（Frida Kahlo）說：
每一個滴答聲都是生命中消失的一秒鐘，
飛逝的時光永不重複。
若意識到此，這是多麼強烈的力量，
讓人不禁去思考剩下的唯一問題，
就是如何好好去生活。

1. 在痛苦還沒來之前，先打好預防針

離苦得樂的最上策，是預防心理痛苦的產生，或降低其程度，但是大部分的人都忽略了。聰明人知道如何解決問題，智者則知道如何避免問題。

要知道，自認為平時過得自在，表面看起來幸福的日子，其實才是危險的，因為「好運氣」總不會持續太久，在人生路上奔馳，總會碰到此路不通，繞路而行的時候；像是小孩突然生病了；成績和表現不如預期；摯友漸漸疏離；年邁父母又被診出新毛病……人不是碰上這樣的麻煩，就是遇到那樣的危險，即使不會有大災難，也會遭逢小問題。

當你舒適地坐著閱讀本書時，很容易了解佛陀的智慧，現代心理學知識，也許你已經產生慈悲心和大愛。但真正考驗卻是在我們碰上危機或不幸的時候，如何克制情緒，頓歇狂心，心平氣和，這才是佛法修行。所以預防性的心理建設，是要我們要在無風無雨的時候，對未來不幸引起的精神痛苦先打好預防針。

2. 先從心態上調整做起

用流行病學的說法，預防精神痛苦有兩階段，初段預防是盡可能避免或降低危險因子，並增加保護因子。痛苦的危險因子包括足以誘發負面情緒的人事物、不切實際的幻想、過度自我中心所追求的欲念等狂妄之心。保護因子則包括同情心和慈悲心的培養，持續內觀練習等。

次段預防則是早期發現，並採取介入性防範。例如觀察我們的心，分析今天為什麼不快樂的原因，早期發現心理痛苦的種子，並在其未發芽之前，便將其移除。也就是說，對痛苦的到來，最好是「先知先覺」來取代「後知後覺」。

大部分的宗教都提供這樣的功能。佛教徒相信未來發生的苦厄和悲慘，其實就是活生生、熱騰騰的佛法，是「逆增上緣」（利用逆境來增長智慧和克服困難）的殊勝機會。讓生活在痛苦中的人有出離痛苦的動機，不斷修行來減除「無明」，這樣持續的調整心態，可以大幅減低逆境導致的心理痛苦。基督徒對可能遭遇到的災難先產生的憂患意識，認為這是上帝將給我們的契機和恩典，考驗我們如何能更接近和侍奉上帝，只要遵從祂的旨意，上帝不會遠離我們而去，因此我們就可以接受任何考驗。

從宗教的教義到生活的實踐，我從臨床心理學和及自己的經驗中，提供了以下幾個方法，包括：小心語言文字陷阱、發揮平等心、培養慈悲心、專注在自己可以掌握的事情。這些都是在生活中可以運用來幫助自己預防痛苦的「預防針」。

3. 防苦預防針1：小心語言文字的陷阱

語言文字讓我們便於溝通，但也只是一種媒介，用來表達和傳遞我們的想法。因此根據語言或文字來掌握、理解人事物時，並不能精確了解其本性。

文字語言製造了名相，加深了我們的分別心，也誤導我們，認為這些有名有相之事，就是它們的本來樣貌。《楞伽經》言：「愚癡凡夫，隨名相流。」舉例來說，像是好與壞，美與醜，快與慢都是相對的，都是具有主觀評斷性（Judgmental）。如果我們認知到語言名相的侷限和陷阱，多加留心，就不容易因為語言文字產生「絕對思考」，也就能不在意別人無謂的人身攻擊，也不會對恭維言詞，沾沾自喜。

除了語言名相，我們也時常會用自己的想法和「自我濾鏡」去解讀別人之言，結果就是製造不需要的誤會和緊張，引起心理不愉快。如果我們能客觀審視這些對話內容，分析語句，而不是直接反應，就有預防的效果。有一則笑話：一位年輕的女醫師在開刀房跟病人說：「阿莉，放輕鬆不要緊張，這只是一個小手術而已啦！」病人回答說：「我不是阿莉呀！」醫師說：「我知道，我是在說我——阿莉醫師！」

4. 防苦預防針2：培養平等心，避免對人事物貼標籤

多數人習慣將生活中人事物以二分法區分，也時常對人世間的種種貼上標籤。比如我們通常把外在的經驗二分為：我覺得好的，或是我覺得壞的。自認為好的，就會去追求；壞的就急著遠離。這種分別心是自己主觀造成，會讓自身無時無刻陷入這種絕對思維中，也就是自身痛苦和世界紛爭的來源。

平等心是了解人世種種因緣所生皆是暫時的，那麼就沒有所謂的相對差別，自

然地否定世俗中對立的概念，也就是說事物的本質都是一樣的。這種智慧就是在佛經上常講的「無分別智」。

心裡若能經常想到「無分別智」，就有機會安然自在處理負面情緒時，不生瞋斥，對正面情感也不生歡喜，如此減少快樂或痛苦帶來的情緒波動，讓我們安然清楚地看到實相，而不是那些困擾我們的情境。

平等心也可轉化成平常心（Equanimity），以非常安靜沒有立場的心，不戴上情緒的眼鏡，去看待這個世界和解決問題。若無法處理，處之泰然，也不會被情緒勒索，情緒即能免疫，內心充滿安靜平和，所謂的煩惱也就沒有立足點，自然委縮退卻。

5. 防苦預防針3：培養慈悲心，實踐利他主義

慈悲心是一種心態，有策略地援助別人身、心、靈上的苦楚（「悲」的表型），不但如此，慈悲心也會為別人的幸福而感到歡心（「慈」的表型）。慈悲心會神

奇地防止嫉妒別人，而是去恭喜人家的成就，甚至也可以捨得自己所擁有的，去成就別人的幸福。這種心念和動機就是佛教裡面所說的四無量心——慈、悲、喜、捨。

換句話說，希望別人也像我一樣沒有痛苦而且可以快樂，甚至將這個使命認為那是自己的責任，這就是大乘佛教所說的慈悲心。有慈悲心的人，通常對別人精神上快樂和痛苦將心比心，有高度敏感性和體會。這是因為我們對人們好的或壞的的遭遇並不陌生，我們也許曾經走過相似路或也駐足過。大大小小的不幸遭遇和不如意正一幕幕上演在每個人身上，所以我是不是要對所有的人好一點呢？

6. 智慧不起煩惱，慈悲沒有敵人

慈悲心怎麼預防我們自身的痛苦呢？因為有慈悲心，當我們在危難之際，也會受到別人類似的照顧和協助。更重要的是慈悲心讓我們能體會別人身上各式各樣的痛苦，也會模擬這些困境如果發生在我們身上的處境，即在潛意識中對苦難的預演。因為如此，這種有利人類生存的機制可以保存，因此慈悲心和行動也會被演化所獎賞：個人獲得快樂，並推動人類社會進步。

例如慈悲是對治憤怒的最強特效藥。憤怒的產生是因為區別有我、你、他等（「我相，人相，眾生相」），有慈悲心則認為世界上的七十五億人都同為一個生命體，所有人皆平等。畢竟在這麼渺小地球上，眾人以不同色身、角色及責任來到世間，因緣際會穿梭在同一個舞台上，不管認識或不認識，互相聯繫互相依賴，甚至在此相遇互相出現在對方的生命中。

有這種想法，我們就能立足眾生的立場來思考和做決定。我要離苦得樂，那麼其他人也是一樣。這就是佛教裡面所說的「無緣大慈，大體同悲」。憤怒和自私等負面情緒是很容易覆蓋我們本來的慈悲心。所以如何避免慈悲心受到蒙蔽，必須找到一個實際有效方法——有智慧的觀照來深耕和加強慈悲心（請見二三〇頁）。

我們常聽說「智慧不起煩惱，慈悲沒有敵人。」的確如是！因為有慈悲心，我們對其他人（例如競爭者）不會產生瞋心和嫉妒心，不會將我們的負面情感投射在這些人身上。因此有更多時間關注和完成自己的計畫，增加競爭力。慈悲心並不止於心理上的理解而已，更不是口號，否則半衰期會很短。而是要採取行動去助別人，走入人群，即所謂的「有效的慈悲心」。

這是需要耐心、智慧、不屈不撓，更重要的是要有策略和解決方式。這裡有兩個重點，就是慈悲心並非要我們接受不公不義的事情，而是要用非暴力的手段來表達和得到解決；慈悲心並不反對良性競爭，反對的是由競爭刻意造成他人的麻煩，以取巧方式以拉下別人為目標。

就像智慧一樣，慈悲心也是整個大乘佛教的核心理念，捨己為人，解除眾生心靈苦楚成為很多佛教哲學著作與修行指南的重點之一。八世紀印度的重要佛教著作《入菩薩行論》：「乃至有虛空，以及眾生住，願吾住世間，盡除眾生苦」就是一個例子。

7. 防苦預防針4：分辨自己所能掌控以及無能為力的部分

世界上只有兩種事，分成我可以控制的和那些非我可駕馭的。可以掌控的事，包括我們的判斷、衝動、欲望、厭惡、價值觀等認知概念；無法支配主宰的事，那就太多了包括生、老、病、死，別人對我們的觀感，聲譽地位，乃至大環境，例如：經濟結構狀態、社會國家政策、全球暖化等。我們需要對前者負責，因為那是我們所能控制的。

但你會嘗試讓你的上司喜歡你嗎？錯了！這超出了你的控制範圍。但是還有很多方法可以選擇，例如向上司展示你的工作能力、熱忱和人緣，這是自己可以改變和做到的。

要一直保持身體健康嗎？錯了！因為這是個人意志無法決定的，你沒有選擇不生病的權利，但可以更加重視運動、飲食、睡眠和預防醫學，減少罹病的機會，即使生病了，也可以選擇如何理智地和疾病相處，以健康的態度去生病。

想要某個特定政黨贏得選舉嗎？錯了！那是你不可能控制的，但你可以選擇關心公共政策和去投下神聖一票。所以處心積慮想去改變無法改變的事情，是多麼白費力氣！

一個人如果對無法控制、無能為力的事情感到擔心、焦慮、憤怒、怨恨，只會損害快樂和寧靜。對於無法改變的事實，隨緣或適應它就變成唯一的選擇。俗話說，「如果煩惱可以改變現狀，如及所願，那就趕緊去煩惱吧！」上述這種（可掌握和無法控制）思維，可以追溯自古希臘時期斯多葛哲學家愛比克泰德（Epictetus），也可以在八世紀的佛教手稿①和十一世紀的猶太哲學中找到。

這種心態早就被認為是幸福生活的祕訣！美國神學家藍荷德．尼布爾（Reinhold Niebuhr）在一九三四年編寫的祈禱文中做了最好詮釋，「上帝啊！讓我平靜地接受我無法改變的事，勇於去做我能改變的事，並讓我有睿智去知道它們（可改變和不可改變）的差別。」

8. 做得少但要做得好

以上的處方箋要有效，需要花時間不斷地練習。也許有人會問，每天這麼忙這麼累，怎麼會有時間去思考生命的議題和做功課？然而，最荒謬的事，就是讓自己如此忙碌，以致於沒有時間去面對自己的問題。

我們時常在煩惱一些無從解決，想像出來的或是根本不存在的煩惱，或是忙碌穿梭於無關緊要的小事中。聖嚴法師說：「無事忙中老，空裡有哭笑。」很多人會有「歲月在你我呼吸間流浪，身心在日出日落間耗轉」②的喟嘆。我覺得最好的解決方法就是訓練我們對「少」的追求，做得少但做得好。

生活中眾多瑣碎埋沒了少數必要的事，我們的時間一直被其他人的日程所劫持，是不是感覺到疲於奔命，但生產力不高？原因是不知自己輕重緩急者，終將浮於他人之事！

事實上，一個人不可能有充分時間和精力，照單全收地做好大小任務。重點是，在有限時間資源裡，如何區別重要層級，制定優先順序，排開無關重要的事務，讓自己有充分時間去專注極少但絕對重要的事，例如心靈探索跟學習，培養平等和慈悲心念，解除自己和別人的心理痛苦。

「每一個（時鐘）滴答聲都是生命中消失的一秒鐘，飛逝的時光永不重複。若意識到此，這是多麼強烈的力量，讓人不禁去思考剩下的唯一問題，就是如何好好去生活。願每個人盡可能地解決這個問題！」（芙烈達．卡蘿（Frida Kahlo）

日常練習：如何培養慈悲心

利用人腦與生俱來閱讀別人內心的能力，在日常生活中常為別人著想，考慮什麼是眾生所需要的和可以讓他們的生活更加快樂的，而不只是考慮到我而已。

走入人群，看過或經歷苦難，才真正瞭解自己在這世上的義務和責任。「知苦惜福」是培養慈悲心的一條捷徑，發現別人的遭遇（如九二一大地震和莫拉克風災的災民）比我們還艱辛，那自己現在的不如意也就微不足道了，因此會更珍惜此時此刻所擁有的。只要不被自己一時的挫折苦惱捆綁，就會有更強大的心念去幫助別人，因為還有很多人的處境比自己更困難。

有無數的方式可依照生活上的方便、人格特質和個人喜好來培養慈悲心。例如慈悲心念為主的正念學習和積極利用假日加入慈善工作和團體，以行動實際幫助別人，也會在實踐捨己利他的力行中很自然地發掘本來就有的慈悲心。

①入菩薩行「若事尚可為，云何不歡喜？若已不濟事，憂惱有何益？」

②《如果明天就是下一生》張惠美詞。

17

結語：生命有大美

隨時提醒自己盡力隨緣、無所執著、

將無常當正常，

也會讓我們用正面積極的態度去

觀照自己所處的世界，

這種心靈管理的新方法和持續修持，

會讓一個人解脫自在，

心無罣礙地過每一天的生活。

1. 生活的本質就是痛苦

在最後章節裡，我對本書的內容再做一個簡單的回顧。

苦惱為什麼找上我？因為我們錯誤地認為快樂是可追尋，可以計畫努力達到的。人類痛苦的病理學，讓我們不帶主觀地去剖析心靈苦楚的致病機制，分析痛苦本質，了解之後，會讓我們更有意願去解決它，這是開啟智慧的第一步，也是這本書的目的。

佛陀一再提醒我們平凡生活的本質和實相叫做苦（Dukkha）。自然淘汰的過程，選擇了高度智力的現代人類，主宰地球，創造文明，但與生存無關的心理痛苦病理卻也隨之啟動。不僅演化如此，從機率、物理、和生物醫學觀點，都在在顯示，老、病、死是再自然不過的了，心靈的痛苦也緊緊捆綁每一個人。

但是不幸與坎坷，孤獨與黯淡，成就了無數藝術、哲學、文學大師，因為他們能更深刻地了解自己的處境，將不可描述心境的悲苦，幻化出一篇篇美麗的詩章。是的，「人生實難，大道多歧」，在生命的路途中踽踽獨行，且徐且急，從未知的來處，到另一個未知的去處，引發貪、瞋、癡的各種因素，無時無刻不在十面埋伏。

「祝您旅途愉快」也許是不切實際的祝福，唯有走過千山萬水，歷經冰霜風雨，也許才能參悟一點生命的道理。其實心境上的苦厄，正是找回自我的一個契機。婆娑的大千世界，若沒有困苦和悲傷的襯托，再多幸福，也不會覺得快樂。

2. 為了生存，要找到痛苦的意義

「我們生活著就是會痛苦，但是我們為了要生存，必須找到痛苦和受苦的意義。」無神論者尼采的這句話，回應了各主要宗教共同的基本目的。有神論者認為身心的苦楚，正是神的精心安排和考驗，讓人得以藉靈性的增長來接近和侍奉祂如此神就會與人同在。以佛教哲學來說，凡是眾生皆有苦惱，因為各有其顛倒、妄想、執著。這個「我執」的幻相泡沫不斷膨脹，和外在的無我、無常實相，互不相容，爭辯不已，心靈痛苦因此產生。

要超越痛苦，必須擺脫人是獨立自存且不會改變的錯誤觀念，並了解自我虛構的本質。同時理解到，身為人，擁有無與倫比且功能強大的大腦前額葉，和複雜極致的神經網路系統，讓我們有能力去尋找生命目的，探索人性，減低心理痛苦，甚至有能力去幫助其他人，成就痛苦的意義。

然而，必須有巨大勇氣和不斷的學習來完成這個過程，因為，我們要去克服的，無非是自己根深柢固錯誤的想法和習性，我們要逃離的正是自然演化加諸於我們的種種非理性認知。

有這種理解，就會發現失望、憤怒、悲傷、嫉妒、遺憾是最大的錯誤，由此我們就可以寬心地去接受這一切。

3. 個人化的佛法轉譯醫學

佛陀的智慧與慈悲，給我們莫大的鼓舞，也替我們開出了離苦得樂的處方箋。世尊告訴我們，「世上沒有天大的事，也沒有過不去的事，只有放不下的自己，和無法透視慣性強烈的無明」。佛陀也一直在叮嚀我們，在「無常」和「無我」的公式中，沒有一個人可以真正去擁有或追求到自己想要或滿足的事物。有趣的是，古典的熱動力學，愛因斯坦的相對論和量子物理學等「終極的物理現象」也客觀地支持佛學核心思想。

這些珍貴的智慧並非只是學理上的會意和探討，而是主觀的體驗和實踐。這種「心」的訓練和智慧的實證，是僧侶們修行的必修課。因此圓滿成就的修行者，能了悟一切實相，剖析心理疼痛的病理學，安處於娑婆世界，並以大悲心，幫助身邊被痛苦所糾纏的人，直到所有人都免除心靈上的痛苦為止。正如證嚴法師之言：「此身非我有，用情在人間」這是何等的大智慧和崇高的理想！

對於忙碌的一般人，這會是一個艱巨的精神改造工程，但沒關係！隨時提醒自己「盡力隨緣」、「無所執著」、「將無常當正常」，也會讓我們用正面積極的態度去觀照自己所處的世界，以這種心靈管理的新方法並持續修持，會讓一個人解脫自在，心無罣礙地過每一天的生活。

面對難以言喻的精神之苦，以佛法為主的認知行為治療，加上不斷練習佛教的內觀修行，提供了解決當下痛苦的一個契機。這就是佛法轉譯醫學的精神。如能澈見生命實相，就知道苦澀與甜美，都是因緣所生之法，也是我們內心暫時所合成的意念，既然如此，苦樂皆如夢幻泡影，相對，沒有自性，是「我執」無限擴張的產物。何苦將自己變成自身的俘虜呢？

我想要強調的是，這些處方並不代表什麼事都不積極去參與，離群索居，也不是不要有夢想，不為自己彩繪一份遠景。處方的藥效在於使用智慧去透視痛苦與歡樂的表象，不受自我的執著所控制。

另外，現代臨床心理學的知識和應用，也是有效解除心理疼痛的處方（詳見附錄）。超越痛苦，就是用我們人類超凡的想像力，去思索它。邏輯推理，只能把我們從一個定點，帶到下一個定點。但是有了想像力的翅膀，我們就有了高度，得以鳥瞰問題的本身，用不同的選擇和方式，有創造力地去解決問題。

4. 生命不是活了多少年，而是你怎麼活

我們也必須有這樣的認知：雖有苦，但不著於苦；雖有身體，但不因身體而起煩惱。問題本身不是問題，如何面對問題，才是問題；不是外在的大千世界困擾

我們，困擾我們的是對事物的觀感。同樣的，死亡並不可怕，可怕的是對死亡的錯誤想法，這才是世界上最可怕的事！智者以智慧、尊嚴和冷靜來看待死亡，以超越世俗的心態去分析它，了解個人死亡在演化上和生物上的必然性與意義，認識它帶來的「悲劇」，正是生命與生俱來的本質。

人一出生，就好像飛機起飛，座位前的小螢幕會顯示「剩餘飛行時間」，我們不應聚焦在已飛行過多少小時，而是在抵達最終目的地之前，我們還剩下多少時間。我們的年齡不是年增加，而是年減少。亞伯拉罕・林肯（Abraham Lincoln）也說：「重點不在於生命中活了多少年，而是在這些年是怎麼活的。」

當生命不再等待，將自己認為最重要的事情依序排列，排出時間去修一堂不能不上的生命課堂，可經由不同的課程和老師學習，得到正確的方法。經過不斷「心」的練習，才有能重新建構我們腦部「無我」和「無常」的神經網路。北宋理學教授程伊川說：「深思之久，方能於無思無慮處忽然撞著！」就是經由不斷地觀照智慧和修行，才有機緣來頓悟生命的大美。

5. 有了智慧生命大美即顯現

擁有學習智慧的能力，是我們每個人最大的財富，並將知識實踐才是真正的智慧。光看著處方箋並不會產生療效，疾病當然也不會痊癒。重點是有了處方箋，切實服用，才可能藥到病除。

同樣的，知道有這些解決痛苦的知識和方法，也不能去除任何我們的心理疼痛。必須有病識感（知道在受苦），和改變自己想法的意志力，將「緣起性空」，「諸行無常」，「諸法無我」，藉由持續修行，深植於心，將人生的苦難當成熱騰騰的佛法，蒸餾出「應無所住」的睿智，並在生活中回應。另外，培養慈悲心給予別人幸福的感覺和持續的關懷，其實這也是實現自己幸福生活的不二法門。如此了然覺知生命的大美，悉現在前！

本書提供的是部分知識，至於智慧就在個人了！智慧必須從內心產生，才會是自己的，不然只是借來的。衡量一個人的智慧，是看他有沒有能力去改變自我。也許真正的重點，不是我如何、或何時才能達到快樂解脫，而是，我現在能做些什麼，去顛覆我的妄心，逆轉演化加諸於我們的「無明」，從痛苦中綻放，尋求解脫。

了解比知識重要，智慧又比了解有用，做得到就是智慧的顯現。如果釋迦摩尼佛的智慧還未改變你，那是因為你還沒有真正去做到！六祖惠能大師也告訴我們，知道的不算，做到的才算，「智者心行」，就是這個道理。有了對治心理痛苦的處方箋，您要做什麼呢？

附錄

現代精神療癒——從藥物到改變認知的幾種療法

精神醫學認為，腦部神經傳導物質不平衡，例如血清素（Serotonin）濃度降低，與憂鬱症及焦慮症有很大的關聯。因此治療的主軸有藥物治療：像是用"Selective Serotonin Reuptake Inhibitor"（SSRI）類的藥物來提高血清素濃度，以及精神治療：包括「認知行為治療（Cognitive Behavior Therapy）」、「精神動力治療（Psychodynamic Therapy）」和最先進結合即時功能性磁共振成像的「神經反饋（Neurofeedback）」等。

目前藥物治療的療效尚有爭議，病人也許必須先找到適合自己的 SSRI 藥物並調整到有效劑量，而且服用至少一段時間，症狀才會開始改善。相較之下，精神治療的效果可能比較顯著，而且無論是有無信仰的人，都很可能從中得到好處，增加工作效率，儘速回到正常生活軌道。

認知行為療法：運用邏輯重建合理的認知

認知行為療法最初用來治療憂鬱症，但是現今已廣泛使用在多種精神疾病或精神官能症上，包括焦慮症、強迫症和恐慌症等。其基本理論著重在「思想」、「感覺」、和「行為」三個互相影響的環節上，主要的認知對象則圍繞在「自我」、「別人」、「未來」，這也就是認知行為治療的核心。

臨床心理師會針對個人遭遇和問題、個人特質、生活（及兒時）經驗、家庭生活、宗教信仰及其所面臨的負面情緒反應，設計出一套專屬個人的認知重建計畫，以正面積極的想法和態度去處理問題。治療的方法則會運用邏輯法則，分析個人的問題及其延伸的想法與感受（通常以手寫方式將所有的想法記錄在表上），如果發現認知有不合理甚至荒謬之處，則提出更理性的反應和行為。這種療法可以有效減低甚至消除我們面臨到的心理困境。

認知行為治療的目標，是利用改變負面認知（包括思想和態度）、行為和情緒感受，來發展個人對抗外界壓力並解決問題的心理新策略。因為認知行為療法有明確定義，在培訓治療的從業人員、確保治療標準化、以及臨床效果的衡量較為相對容易，因而使臨床心理學家能夠將治療從藝術變為應用科學。

舉例來說，對於有社交恐懼的人，心理治療師會聚焦在「社交」外在環境和「恐懼」的內在反應。對照前面提到的三個環節上：「思想」是在眾人的社交場合中不知道如何自處，沒有歸屬感；「感覺」則是人際孤獨所引發的焦慮和恐懼；「行為」就會出現逃離或是不去參與，連帶的也牽涉到個人、在社交場合的他人以及未來的策略，即：不去社交場合，因此造成惡性循環，加深社交恐懼感。

對此，心理師會先分析恐懼焦慮的原因，例如此人缺少自信和他人互動，導致萌發自己不被群體所接受的想法，對成為社交活動焦點的期望落空。這時的做法，必須質問此種認知的合理性，是不是社交團體故意忽略自己的存在？還是自己的身分地位學識涵養不如其他人？還是自己的出現會帶來大災難？是不是寄錯邀請函？

如果經過分析後並非上述原因，這就顯示之前引起恐懼焦慮的想法和認知是錯誤的，甚至是荒謬的（越是荒謬，治療效果更大）。這時，可以用新的認知來取代：每個人都是獨特的個體，各有其優點和人格特質，自己的參與只會增加這個活動的豐富性，比較安靜的參與者也許是眾人所喜歡的智者。不需要跟每個人都互動，只要跟少數志同道合的夥伴在一起，即使短暫，就足夠令人開心。

如此改變認知後，對社交活動就會覺得沒有想像中可怕，或許反而變得有趣。以後也會選擇適當的社交活動繼續參與，換句話說，就是改變對問題的認知，採取不同於過去負面的行為架構，進而加強正面的回饋機制，來克服焦慮恐懼的症狀。

反向思考：換個角度給自己更大空間

「反向思考」算是一種簡化的認知療法。舉例來說，若你的職位是要隨時處理困難事情，或是要做出重要決定，這足以讓人悶悶不樂。反向思考：如果事情都不發生，或很簡單就可處理好，那擔任這個職位就沒意義了，才華和所學也就無從發揮，那何必做這種工作呢？

日常生活中，你是否覺得在做一份無聊的工作，怨嘆自己困在一個不喜歡的學校，而感到不安嗎？若能反向思考：其實也沒有那麼糟糕，因為現在的工作和學校只是一個過程，並非是生涯的終點站，也許以後還會令人懷念！另外，生活的痛苦可以反向思考為這是給予我們最需要的成長機會；令人心碎失去的友誼和愛情，則將為人們騰出更精彩的空間。

精神動力治療：把內心的偏見揪出來

所謂的精神動力治療是發掘隱藏在個人潛意識中的偏見與盲點，以合理的方式解決其所帶來的紛爭與苦惱。

我們潛意識中的盲點，起因於我們不願或不曾質疑自己所持的偏見，導致潛意識的盲點支配了想法。這些隱藏的情感和信念，為我們帶來精神衝突，增加與人相處的難度。藉由精神動力治療，我們可以開發出新的的洞察力，認清偏見和盲點，降低可能讓我們陷入困境的習慣。

MRI神經回饋：透過正向回饋建構新認知

MRI（磁共振成像）是一種腦磁掃描技術，屬先進的神經影像形式，可用來檢測創傷性腦損傷，中風和或腫瘤。而改良型的fMRI「即時功能性MRI」（Real-time Functional MRI）最近幾年則成功運用「神經反饋」（Neurofeedback）來治療精神疾病。

想像你從小就對蛇（不論有毒或無毒）有恐懼症，所以和蛇有關的物體、影像甚至一想到就會導致莫名的焦慮和恐慌。於是，「神經反饋」的神經科醫生安排你做一個即時腦部功能性fMRI，透過電腦螢幕的即時腦部功能性影像（像是血流量的多寡），可以判斷特定腦部區域（例如杏仁核）有不正常的活動（血流量或耗氧量增加）等等。最後經由不斷嘗試新的認知方法來學會有意識地糾正（降低）那個區域（杏仁核）的過度活躍。

當成功降低腦部問題區域的活動時，你會收到正面反饋。但是如果你得不到任何反饋，表示必須再嘗試新的認知方法了。臨床實驗顯示，很多病人經過反覆練習都可以改善情緒困擾，因為他們可以把這種特別訓練出來的認知方式運用在日常生活中。比較麻煩的是，並非每一個人都會得到很好的療效，因為他們不一定找得到一種有效的認知方式可以幫助他們來達到目標。

正念：透過正向回饋建構新認知

之外，正念（Mindfulness）也是近年來在學校、公司、社團風行，用來減輕壓力，增加正面情緒及工作效能的一種課程。

正念，簡單來說，就是如實地察覺當下狀態的過程。重點在於，不帶預設立場的自我觀察，不加任何思維，判斷、回憶、期待、思考和推理。對於此時此刻發生的一切，一視同仁，如實知，如實見。正念涵蓋多種不同類型的學習方式，大部分都有佛法智慧為基礎，如「無我」觀等。

正念讓我們有機會在行色匆匆的生活中，落下休止符，去感受生命的存在。也可暫時阻擋強而有力的習慣性（錯誤）思維和（不安）情緒，有機會從瑣碎的日常生活中浮出，暫時喘一口氣。整理一下我們的心態，再繼續努力。

正念是用「後設認知」來觀察我們的心（註：後設認知是一種高階思維技能，能夠理解，分析和控制一個人的認知過程，特別是在從事學習例如正念時，控制自我思考，了解和調整自我了解，意識到自我意識等）。任何變化的現象（外在或內在），皆是正念所緣的對象。例如以聽覺為對象的正念，會建議以平靜的心態去細聽周遭的聲音，知道這只是由於物理現象所發出的震動波，由空氣傳遞到耳膜，再由中耳的三小聽骨放大，傳導到位於內耳的耳蝸聽覺接受器，再由聽神經將訊息（神經元的動作電位）傳到腦部的聽覺區域，從而產生聽覺。所以牽涉到了物理（聲波）、生理（耳朵器官及神經傳導）和心理（聽覺意識）的轉化過程。正念聽覺時，不加以任何的標籤和意義化，對待聲緣就像觀察呼吸一樣自然。相同的，視覺、味覺、嗅覺和皮膚的感覺也可以成為正念的對象。

正念的另外一個對象，就是我們當下的感覺和情緒。只要認為它們的生起和消失是很正常的，是我們認知功能的一部分，清楚地去察覺，而不是對它們起反應，既不對抗也不執著，就不會被感覺跟情緒綁架。

在幾千年前，人類就知道正念的好處。很多以心靈為主的傳統或教派，主張「重視當下」，以此可以更深刻認識內在世界，或更接近神。佛教的修行更將正念學習放在核心的課程。

現今的正念學習，大部分是從佛教的傳統內觀發展而來，或者加上以身體姿勢為主的哈達瑜伽（Hatha yoga）訓練。然而正念學習跟宗教無關，不管是有無信仰或任何信仰人，都可以經過正念練習得到心理上的助益。最近很多課程，已將認知行為治療和正念療法結合——「認知行為正念療法」，效果更好。

「自我同情」正念：善待自己才能善待別人

除此之外，「自我同情為導向的正念」（Self Compassion Mindfulness）著重培養兩樣潛意識認知，對心理痛苦的病識感以及「自我同情心」。「自我同情」是對自己仁慈，接受精神痛苦是人類生存的一部分，無須強迫自己去痛苦。簡單地說，自我同情就是對待自己就像對待最在意的人，當他們遇到困難時一樣，充滿憐憫心，積極去幫助他們克服心理上的痛苦。

自我同情的觀念，可改善我們的情緒，增進樂觀和好奇心、保持良知和自動自發，幫助人際關係。培養出一顆「自我同情心」，意味著當我們失敗或犯錯時，會去理解和提供善意給自己，而不再自我嚴厲評判。自我同情心的正念課程，最近已被積極用在臨床心理治療上。

我們要防範三種心態和行為，它們會迅速瓦解自我同情心和慈悲心，包括自我批判，自我隔離，和自我吸收（無論是好的壞的情緒）。試問，連對於自己都不仁慈，不先照顧自己的心，反而強迫自己去痛苦，那如何去幫助別人呢？

心理學的研究顯示，自我同情心的強度，和正面積極心理的功能，有正相關。自我同情心比自尊心更能稀釋負面情緒的效應。我們必須認識清楚：「自我同情心」並非「自我溺愛」。前者帶給我們健康的病識感，使我們有動機去處理負面的情緒，以增進正面的情感，後者則是追求和生存無關的感官享受，物質的貪欲，思維方面的孤芳自賞，導致「受、愛、取、有」無止盡地循環，心靈痛苦隨之將至。

全書索引

七劃

八劃

九劃

十劃

十一劃

十二劃

十三劃

十四劃

十五劃

十六劃

十七劃

十八劃

十九劃

生命有大美：人的苦惱是演化的陷阱：以科學解釋「人們為什麼逃不開因緣生滅」的痛苦／施益民著 . -- 初版 . -- 臺北市：幸福綠光 , 2019.9
面； 公分
ISBN 978-957-9528-58-0 （平裝）
1. 修身 2. 生活指導
192.1 108012850

生命有大美：人的苦惱是演化的陷阱

以科學解釋「人們為什麼逃不開因緣生滅」的痛苦

作　　者：施益民
圖文整合：洪祥閔

特約編輯：凱特
責任編輯：何喬
編輯顧問：洪美華

出　　版：幸福綠光股份有限公司／新自然主義
地　　址：台北市杭州南路一段 63 號 9 樓
電　　話：(02)23925338
傳　　真：(02)23925380
網　　址：www.thirdnature.com.tw
E-mail：reader@thirdnature.com.tw
印　　製：中原造像股份有限公司
初　　版：2019 年 9 月
初版二刷：2019 年 11 月
郵撥帳號：50130123 幸福綠光股份有限公司
定　　價：新台幣 370 元（平裝）

本書如有缺頁、破損、倒裝，請寄回更換。
ISBN 978-957-9528-58-0

總經銷：聯合發行股份有限公司
新北市新店區寶橋路 235 巷 6 弄 6 號 2 樓
電話：(02)29178022 傳真：(02)29156275